空海

弁顕密二教論

金岡秀友 訳・解説

弁顕密二教論

はしがき

　主著あるいは、代表作などということばは、そのような作品を撰びにくい時に限っていうべきことばであって、これこそ代表作と自明なときや、他の著作と量的・質的に飛躍的にかけはなれて偉大な相違を見せているときには、このような言葉はつかわない。弘法大師のように、量・質ともに尨大な著作をお持ちの方にあっては、いずれがそれであるかは決定しがたいことは、万人の指さすところである。

　そうなると、いえるところは、せいぜい歴史的・文化的な常識以外にはないことになるが、要は知名度ということになろう。こうみると弘法大師の代表作といえるものも、数は限られてこようが、『性霊集』『十住心論』『弁顕密二教論』『御請来目録』等々その数は少なくなく伝えられているが、宗の内外を問わず大師の仏教学の、全容を示しているというにもっともふさわしいものは、『弁顕密二教論』ということができよう。

この書はこの題名の示すごとく、全仏教を顕密の二教によって弁じ顕かさんとした書物である。この場合、顕教とは公開性をもった教え、密教とは公開性を超えた教えの意味である。より内容に即していえば、顕教とは衆生の言語表現による宗教であり、密教とはそれを超えた宗教である。密教は真言（真実言語）を用いる。密教には一種の言語崇拝があり、仏・菩薩のすべてを聖音（種子）によって表現し、これを体系化したマンダラをもつ。このことを考える上で良いヒントとなるのが、仏教学が伝統的にもつ用語「有相《うそう》」と「無相《むそう》」である。「有相」とは表現をもつことをいい、「無相」とはそれをもたないことをいう。しかし、究極は「有無一如」「有無不二」である。表現は方便のためであるが、方便は結局、真実に一致する。般若《はんにゃ》と方便は二而不二である。だからこそ真言密教において、マンダラや仏像は仏の表現であり体系であることを承知しつつ、究極においては、その象徴的表現を必要とせぬ境地にまで高められてゆくのである。マンダラでいえば、四種のマンダラの最後に、天地自然の動きそのものをマンダラと見る「羯磨《かつま》」（業＝カルマ＝運動）のマンダラを挙げるのはこのためである。

密教は、従前の、爾余の仏教のうちに多少とも存在していた主知主義や教条主義の撤去に努め、宇宙と人間、全体と部分、不可視なる世界とその象徴的表現、理性と感性、精神と肉体、思索と行動等、およそ、生活感情や合理的思索の中では、両極に立つと考えられている事実や価値の相剋を超えることをめざし、一般的な、乃至は特殊な方法で、それに成功を収めてきた、東洋独特の叡智である。

個我の埋没、それに伴う共感の不在、全体として考えられる息づまるような人間不在の世の中が未来に予想されるとき、宗教、特に仏教、さらに殊に密教に、ひとが未来への鍵を求めたとしても不思議はないことと思う。

弘法大師の軌跡は、とりも直さず世界である。大勢の人間関係、無数の経論、海を越えてのアジア的世界、こういう尨大な世界像の中から、弘法大師が一身に凝集したのが「真言宗」という仏教の一大体系であり、マンダラであった。それは無数の統一であり、無形の宇宙の凝固した有形図であった。

今日、高野の奥の院の前に佇立《ちょりつ》するとき、無限の時間と空間の中に引き入れられていくことを感じる。これこそ、弘法大師の展《ひろ》げる世界といえよう。

鳥の音も秘密の山のしげみかな

本書の生まれる因縁に太陽出版社主籠宮良治氏、筆者の「二教論」講義録からの現代語訳については東洋大学学友孤島妙真氏に一方ならぬお世話になった。御芳名をここに掲げるのみで失礼するが、心からの感謝を捧げたいと思う。

平成十五年五月一日

金岡秀友しるす

目次

弘法大師空海の宗教＝「真言密教」

真言・真言密教・真言宗

弘法大師の宗教は、「真言宗」といわれ、また「真言密教」ともいわれるものである。このほかにもいろいろの呼び方はあるが、真言宗という呼称は最も一般的である。「真言」とは、仏の言葉、仏語をいう。人の言葉は真実の一面か一部分かしかを、時として誤謬を含みつつ相対的にしか示し得ないのに対し、仏の言葉は真実の全体を誤謬なく伝えるものである。すなわち、前者が時として「不実語《ふじつご》」となり得るのに対し、後者は、常に、絶対的であり「実語」である。空海の宗教は、この仏の言葉を直接に聞き取ろうとする宗教であった。

ところで、「密教」という言葉は、どのような意味を持つのであろうか。「密教」という言葉には、一般的な用法と、仏教内の用法がある。一般的な用法は「密教」「秘教」「秘密教」などと訳されて用いられている言葉で、広く宗教一般に見られる秘教を指す。原語は、英語でいえば Esotericism である。Esotericism という名詞は esoteric という形容詞から来ているが、この言葉は、「(特殊な知識や関心を持つ）選ばれた少数者だけに理解できる（意味を持つ）」、したがって「深遠な」「難解な」という意味を第一とし、そこから「選ばれた少数だけの」→「秘密の」「内々だけの」を意味するようになる言葉である[1]。ギリシャ語の　*esōterik(ós)* inner＝*esṓter* (*os*) inner + *ikos* – ic から派生している。

これらの反対語がExotericismであり、exotericという形容詞から来ている。これは、⑴一般大衆向きの、大衆に理解できる、⑵（宗教的・哲学的教説などが）仲間うちだけのものでない、公教的な、公開の、開放的な、⑶通俗の、一般に知られた、平凡な、並の、ありきたりの、⑷外部の、外界の、外的な等を意味する言葉である[2]。名詞（pl.）として用いられることもあり、その場合は、「公教的教義」や「初心者や一般公衆に伝えた教説」を意味させている。esotericと同じく、語源をギリシャ語に仰いでおり、*exōterikōs*＝*exṓter*（*os*）inclined outward（*exo*-Exo- + teros comp. suffix）+ *ikos* -ic という形で出来上がった。

「公開教」（exotericism）に対する「秘密教」（esotericism）として用いられているのであるから、一般的用法としての「密教」は、同じ「公開教」とともに、その概念内容は極めて広く、およそ、公開的な言語や論理や行法だけによって、その究極とする宗教的境地に到達することはできない、と考えている宗教すべてを指すものと考えなければならない。

われわれが密教と呼ぶものに相当する、古代インド語(この場合梵語)は「秘密乗」(guhya-yāna)という言葉であるが、書物の題名やその作品中に、この呼び方が登場する機会は極めて少ない。ただ、日本真言の開祖空海弘法大師(七七四－八三五)の『御請来目録』[3]などに二、三見られるほか、その例は極端に少ない。

また、わが国での密教の体系やその宗団は真言宗といわれており、これに相当する「真言乗」(mantra-yāna)という名称もあるが、その実例も前者に勝るとはいえない。弘法大師に始まり、今日も一般的に用いられる「真言密教」という合成語に相当するインド側の例(mantra-guhya-yāna となるのであろうが)には、まだ出遭ったことがない。

多くの学者がさまざまな実例を蒐集し、その軽重を判断して代表的と見られるものを挙げているが、誰によっても必ず認められている呼称は「金剛乗」(Vajra-yāna)であろう。

インドにおける秘密仏教研究の開拓者であるバッタチャリヤ(B. Bhattācārya)博

士は、後世の「堕落した」形の仏教を、「金剛乗」あるいは「タントラ仏教」（Tantric Buddhism）と呼んでいるが、[4] 後者は、本来は局限された内容を示す言葉であり、それが一般化したのはヨーロッパ人学者の慣習と、さらに、近時その用法が広く一般にインド土着の文化・芸術として（非アーリア系のものをも含めて）一つの運動を指すようになったものまでを指すようになったといってよい。

タントラ仏教、[5] タントリズムという言葉で密教をあらわそうとする学者は多い。この場合、最も注意を要することは、この「タントラ」という言葉の持つ、広く深いインド土着民の宗教的背景により、仏教の一つの継承的発展として密教が理解されるよりも、非仏教的ヒンドゥー的宗教の一変型乃至混合形式として密教が理解される傾きが大きくなることであろう。

プサンの密教定義

たとえば、ベルギーの代表的仏教学者で、密教研究にも大きな業績を挙げたプサン教授（Louis de la Vallée Poussin）の見解なども、その一つである。

教授は一九〇九年に『仏教教理史論』（*Bouddhisme Opinions sur l'Histoire de la*

Dogmatique, Paris 1909）なる大著を著しているが、その第七章が「仏教とヒンドゥー超自然宗教タントリズム」（Le Bouddhisme et le Surnaturel Hindou Le Tantrisme）である[6]。

プサンによれば、古代インドにおいて、仏教と平行していた思潮は、バラモン教とヒンドゥー教である。このうち、仏教とバラモン教とは学問的であり、ヒンドゥー教は迷信的であるというのが、プサンのごく大まかなインド宗教観であった。あるいはむしろ、ヒンドゥー教を基礎として成立した迷信・俗信・呪術というものが、この場合、大きな意味を持つようになってくる。

仏教についていえば、プサンは、原始仏教・小乗・大乗・タントラという四区分をする。原始仏教は、釈尊の教えであって宗教的性格に乏しい。小乗は戒律、大乗は形而上学、大乗に至って初めて仏教は宗教として確立した、というのである。それでは密教はどう考えられているのであろうか。

密教は大乗の堕落である。仏教とヒンドゥー教的俗信との野合である。それは「シャーマニズムとテオソフィーとの混合した一種の偶像崇拝教」であり、「仏教の教義とバラモンの接神論とが低級になりさがって、ヒンドゥー教に教義や接神論の断片のいくつかを分け与えて」出来たものであり、「大乗仏教の教義および神話学の堕落の帰結」であり、「仏教がヒンドゥー教の中へ溶け込んで、滅亡してしまう道程」なのである。それは、「大乗仏教の教義を悪用して」「苦行や魔術を捏造した」「全く言語道断なもの」であり、タントリズムに至って、「仏法は全くすたれてしまった」。これが、プサンの密教観であり、仏教史観の大体であるが、このような図式的な史観に対しては、今日、痛烈な批判がある。(7)

プサンの指摘の中で、今日なお学的意味を失わないものは、釈尊の教えの中に、あらゆる「俗信」の要素が胚胎していた、というそれである、といえよう。

釈尊自身、次のような言葉を残していることが引用されている (Mahāvagga, vi, 28, 11°, DN, II, p. 88)。

「何処で住もうとも、用心深い人は、そこにいる諸神に対しては供物を捧げねばならない。諸神を敬うものをば、諸神は可愛がるであろう。母が子をいつくしむが如く優しいであろう。云々。」

釈尊自身でさえも、当時のひとびとからは、「尊き夜叉」という別名を与えられていた (MN, I, p. 366) のだから、いかに当時のインド人にとってデモン的なものが抜くべからざるものであったかは察することができるのである。

さらにプサンは、このことが神以外の要素、神を求める僧の間にも見られるところであることを指摘する。当時、仏教の比丘のほかに、これらのデモンに対する祈りを専門的に司る行者（yogins, yogāvacāras, yogācāras）というものがいた。いわゆる「森の行者」「墓場の行者」などといわれているものがそれであり、「縁覚」などというのも、これら行者の一群である。パーリ聖典は、これら行者の持つ魔力、神通力を、否定したり拒絶したりは決してしていない。ただ涅槃に到達していないという理由で、神聖さは欠けていたが、彼らの持つ魔力を疑うものは一人としていなかった。この行者たちの勢力は極めて強大であった。釈尊の教えや戒律も、この行者たちに負うところが極めて多い。ずっと後世になって、タントラを作ったのも、この行者たちの後継者たちである。

プサンのこの指摘に併せて、想起される釈尊説話がある。それは、釈尊に迦葉の三人兄弟が弟子になった時の物語である。迦葉三兄弟の伝記や、その仏陀帰依の因縁については、多くの系統の仏伝が伝えるところである。この事件は、それまで無名に近かった釈尊をして一躍有名にし、ほとんど無人に近かった釈尊の教団をして、一挙に有力なものとした大事件であったと考えられる。

よく知られているこの説話によれば、三迦葉は事火外道《じかげどう》、すなわち火を用いて神を祀り、さまざまな神変《じんぺん》を行う外道であり、長兄のうるびんら迦葉(ウルヴィルヴァー・カーシャパ)は五百人、次兄と末弟のなだい迦葉(ナディー・カーシャパ)とがや迦葉(ガヤー・カーシャパ)はそれぞれ二百五十人の弟子を持ち、尼連禅河の上流下流に住んで、マガダの国王びんばさら(ビンビサーラ)の深い帰依を受けていた。プサンの紹介する「森の行者」「墓場の行者」の一類であることは疑う余地はない。

釈尊は、この三迦葉の長兄のうるびんら迦葉の住居で一夜を明かすのであるが、その宿房としたのは迦葉が火を祀るのに用いる火堂であった。この火堂には龍(nāga)がいる。この龍は迦葉の言うことだけを聞くが、他の者には害を与えるといわれ、また、別の本によると、仲間を恨んで死んだ病気の修行者の生まれ変わりだともいう。

釈尊は、この、火を吐く龍を、みずからも火界三昧に入って折伏し、所持の鉄鉢の中に伏せてしまう。

この火堂の一夜をはじめとして、釈尊が迦葉に対して示した神変は三千五百と記されている。この話は大乗系と小乗系のどちらの聖典にも詳しく記されてあるうえ、古くから美術作品の対象ともなり、有名なサーンチー大塔の欄楯の浮き彫りをはじめ、インド西北部のガンダーラ彫刻、南インドのアマラーヴァティの遺物その他に残っている。このように、現在のわれわれの資料が示すかぎり、これらの神変が最も古くから伝えられている説話であることは間違いがない、といわなくてはならない。[8]

釈尊の宗教に、すでに見られた、このようなデモン的呪的性格は小乗仏教に入っても衰えることはない、とプサンは言う。これは、小乗仏教が、釈尊への憧れと回想、釈尊の定めた戒律という二つの柱によって成り立っている以上、当然のことであった。今日も、南方上座部の仏教において重要な役割をなしている「防護」(paritrā, parittā, pirit) といわれる呪文がそれである。重要なことは、この「防護」の縁由が、すべて釈尊の「慈悲の力」に基づくとされている点であり、[9] この点にこそ、のちの発達した形のすべてを含めて、密呪の発生の謎を解く鍵があるといえよう。

プサンの「タントリズム」理解は、このあと、大乗についても密教についても、このような、「デモン」の系譜を辿ることによってなされて行くのである。タントリズム的要素が仏教を一貫するものであるという指摘は、今日といえども、密教の定義としては斬新なものを含んでおり、その立証は学的課題たるを失ってはいない、ということができよう。

※欧米―この当時アメリカはまだ登場していないが―におけるインド理解ないし仏教理解は政治的にまずインドに対するイギリスのそれから始まり、次いで同じ理由によりフランスおよびドイツ、最後にロシアに及んでいったということができよう。時間的には遅れたがその分、地道な原典発掘と原典刊行に大きな力を発揮したのはロシアであった。彼らは前半期はロシア帝室の力により、後半はそれを打倒した人民政府の力により、ともに資本主義的財力を顧慮することなく、換言すれば、純学問的に難解な原典出版やその翻訳を世界的な規模で刊行することができた。

これが過去においても今日においても世界に冠たるインド古典の原典およびその翻訳の一大淵叢《えんそう》である『仏教文庫』(Bivliotheca Buddhica) のシリーズである。それは帝政ロシアの末期から形の上では第二次大戦の終戦を越えて今日まで続いているロシア東洋学、仏教学の一大金字塔である。しかし、このシリーズの黄金期は帝政ロシアとその滅亡後、二・三十年以内と見るべきであろう。これに関与したロシア内外の学者プサン、シチェルバトスコイ等もいずれも第二次大戦以前に生を終えており、その後はロシアのすべての学問と同じく、インドの研究も現代インドの研究、とくにその政治・経済・社会の研究に限定されるようになったのは、同国東洋学のために惜しむところであることはもちろん、かつての同国の幅広い、そして奥深い東洋学の伝統を興起してもらいたいものである。

大日経と金剛頂経

インドにおいて、密教を代表するより普遍的呼称である「金剛乗」(Vajra-yāna)、あるいは「金剛大乗」(Vajra-mahā-yāna) については、すでに述べたこともあり (拙著『密教の哲学』昭和四十四年、平楽寺書店、五頁)、ここでは省略する。ただ、金剛大乗がしばしば「大乗」と略称されるように、この言い方の場合は、タントリズムに比し、大乗仏教理論の直接の継承者にしてその発展者という自覚が極めて旺盛であるということができよう[10]。

インドの密教は、『大日経』と『金剛頂経』という二つの経典を柱にして発達した。『大日経』は、仏陀を最も抽象的に昂めつつしかも具体化した新しい仏格である大日如来の活動を説く経典で、直観的・否定的傾向が顕著である。これに対して『金剛頂経』は、この仏をめざしつつ、われわれ人間が認識し実践する過程を描いた経典で、総合的・実践的叙述を志している。この二つの経典は、インド仏教の長い伝統を負うもので、前者は、ものの本質（中《ちゅう》）を観抜くことを志した直観的傾向の強い「中観派」の系統の上に立ち、後者は、その「中」を踏まえつつ、より積極的な認識論（観念論的傾向に立つ唯識設《ゆいしきせつ》）と心身一致（瑜伽《ゆが》＝ヨーガ）の行をめざす唯識瑜伽行派の流れを汲む。

直観と総合、否定と肯定の二つの角度から、インドの大乗仏教が紀元二世紀ごろから数世紀かけて取り組んできた課題を、密教は『大日経』と『金剛頂経』という二つの経典に結集させたのである。しかも、この、ややもすれば分極に立つ二つの傾向を、認識以前の認識、直観以前の直観という、表現以前の深層たる「秘密」において同一基盤にあると捉え、長く乖離していた二つの働きを一体化しようと志した。

「般若《はんにゃ》」（知恵・直観）と「方便《ほうべん》」（現象・実践）の一致（dvautu-advaulū）という大きな課題は、インド密教の最大の課題でありながら、しかもなお、形の上では相異なる二つの経典として存在せざるを得なかったのである。

この二つの経典は、以後それぞれの系統の下に無数の経典を産むに至り、前者は「大日経の系統」(胎蔵界《たいぞうかい》＝大日如来の体内に蔵された真実と大悲の世界)、後者は「金剛頂経の系統」(金剛界《こんごうかい》＝大日如来をめざす知恵と実践が金剛のごとく堅固である世界)と呼ばれながら、経典とともに、その宗教的・儀礼的実践法(儀軌《ぎき》)や、その神々の配置図(曼荼羅《まんだら》)をも無数に産出したのであった。

中国の仏教徒は、この二つの流れの密教をそれぞれの系統の学者たちから別個に学び取った、と従来いわれていた。

しかし、最近の研究によれば問題はそのように単純ではなく、胎蔵界を主にしつつ金剛界にも触れ、金剛界を述べながら胎蔵界をも併せ記すという、二元融和の立場で、この二つの流れを受けとめようとするのが、中国密教の姿勢であったことが指摘されるようになっている。ことに、密教の実践を説く「儀軌」にはこの傾向が強く、「胎蔵界」系の儀軌、「金剛界」系の儀軌というように、二つの流れが別々に述べられたものは少なく、二つを合わせた儀軌――「合行軌《ごうぎょうき》」――という形で多くの儀軌がつくり出されていったという(長部和雄『一行禅師の研究』)。

空海の密教

日本の密教、空海弘法大師の密教は、このような、インドよりもう一段進んだ融合的密教の受容の上に立つものであった。

私はかつて、日本の古寺といわれ、名刹と称えられる寺々六百七十カ寺について、その開祖に帰せられる高僧・知識が誰々であるかを調べたことがあった。その結果は意外であった。いわゆる鎌倉新仏教の代表者たち――法然・親鸞・道元・日蓮等――はこの世界ではほとんど無力である。主役は旧仏教の二人の代表者――奈良仏教の行基と、平安仏教の空海弘法大師が、まさにその代表者であった。先の六百七十寺についていえば、空海六十一カ寺、行基四十六カ寺で、これがベスト二である。ちなみに、鎌倉新仏教の指導者を開基とする寺々を見れば、親鸞十四カ寺、道元三カ寺、法然十二カ寺、日蓮十五カ寺等が見られるにすぎない。

これらの数字が、そのまま歴史的事実として開祖を示すものでないことは改めていうまでもない。しかし同時に、この数字が、開祖として誰を仰ぎたいという「思想史的事実」を示していることも否定できないことはあまりにも明らかである。つまり、弘法大師空海の、寺院史、寺院中心的信仰史における位置は圧倒的である、ということである。これは、いくら最近の知識人やサロン的仏教徒が親鸞・道元をもちあげようと、どうにも動かすことのできぬ事実である。津々浦々では、親鸞や道元も、「お大師様」の人気の足元にも及ばぬという事実である。

いったい、これは何故であろうか。

まず第一に、弘法大師空海を産んだ四国の風土が、いかに日本人の大方にとって親しみやすいものであったかを考える必要があろう。

今日でも、弘法大師ゆかりの四国の寺々が、いわゆる「四国八十八カ所」の寺々としてひとびとに親しまれていることは改めていうまでもなかろう。ことに八十八カ所巡拝（遍路）と季節の関係は極めて日本的である。春、桃の花の訪れとともに、四国路にチラホラと見えはじめる、お遍路さんの白衣姿は、桃の花にも勝る春の訪れである。四国路の山あいの村々は、お遍路さんの白い衣の姿とともに段々畑の菜の花をほころばせるのである。

そのお遍路さんの背中に書かれている文句は何か。

誰も知る「同行二人」の言葉である。ただ一人で歩いていようとも、必ず同行するひとが一人いる。それが弘法大師だという信仰は、どのように人生の辛さ淋しさに打ちひしがれたものに対しても、静かな春の喜びをもたらしてくれるに相違ない。

空海弘法大師の宗教は、その生地である四国讃岐の多度浦の風光と無関係でない、とは夙《つと》に学者の指摘するところ（宮坂宥勝・梅原猛共著『生命の海』昭和四十三年、角川書店、一六頁）であるが、国民的な人気を持つ空海の宗教とその生地は、いうなれば日本人の宗教と土地の代表であったといってよかろう。

西国の観音の三十三所霊場の巡拝と並んで日本人が四国遍路を愛しつづけたのは、弘法大師の大きな人格とともに、それをあらわすにふさわしい風土があったからであると思われる。

弘法大師の宗教はいかなる意味で、日本人の宗教の代表ということができるであろうか。ただ単に、その生地の風光が、日本人の平均的鑑賞にたえるからだけではあるまい。私は弘法大師の宗教の本質が、日本人の奥深いところで適合していたと見る以外に、この謎を解くことはできないと思う。

では、弘法大師の宗教の本質とは、どのようなものであったか。

密教の究極の目的は、真実なる世界への直接参加であり、そのための非日常的表現の採択である。現代は、価値が多様であり、価値観の対立する時代であるともいえよう。こうした時代にあって、われわれ仏教徒は、どう行動したらよいかということを考えるとき、われわれの目安となることは、「法」という言葉と、「機」という言葉だと思われる。「法」ということは、現代も「法律」という言葉で用いられているように、動かないもの、正しいものを指し、われわれは一人ひとりが、この「法」というものを胸中に秘めているわけである。この「法」を摑むものを、「機」という。「機」というのは、外国の学者が「チャンス（機会）」という言葉に訳しているように、われわれが生まれながらにして与えられている能力、傾向をいうのであり、「機」は「器」に通じて、「法の器」であるともいえるのである。

このようにわれわれは、「法」の普遍性、「法」というものは動かないものだ、ということを確信し、また一人ひとりの「機」は異なっているということを確認することが重要となる。「法」についての説明に、どれだけの言葉を用いても、その説明の指す「法」そのものは、一人ひとりがその「機」で摑むべきものなのである。

『華厳経』ではそうしたことを、因分可説・果分不可説といっている。因分の因は原因の因であって、この原因の分際は可説、つまり説明することが出来る。われわれが言葉とか、あるいは論理とか、そういうもので法を説明することは出来るのであるが、仏様という結果、その果分の世界は、もう説明することが出来ない。これは自分でつかまえるべきことであるというのが、華厳経というお経での説明で、ほかのお経でも大体同じように説かれている。

禅宗では、不立文字《ふりゅうもんじ》ということを言う。不立とは立てない、あるいは立たない、文字《もんじ》は文字《もじ》のことで、文字《もじ》を立てずと読む。禅宗では、文字、言葉であまり説明をしない。このことをある禅の大家は、あれは文字を立てずではなく、文字に立たずと読むのであるという。その証拠には、禅宗にもたくさんの書物があるではないか、しかしあの万巻の禅書を全部読めば、禅の悟りが得られるのではないということを教えているのが不立文字なので、文字はあくまで月をさす指だという。その指は、やはり必要で、その指によって月のありかを知るわけである。しかしながら、その月を掴む、月の世界に入って行くのはやはり自分なのだというのが、禅の教えでいう不立文字なのだというので、文字は一つの一里塚ではあるが、一里塚に従って歩みを進めて行くのはあくまで自分である、ということを言っている。これは言葉は違うが、因分可説・果分不可説と同じことである。

ところが、弘法大師は『辯顕密二教論』で、仏様の果分の世界は、仏様の秘密の表現によって、常に絶え間なく説き続けられているのだ、と説明される。そして、一人ひとりの人間が、仏様の非日常的表現を会得するための方法を、具体的に説き明かされたのである。

非日常的な表現は、実際にはいかなる方法によるのであろうか。果分は表現の拒絶に終わりやすいが、そこで密教が打ち出した真実世界と人間の合一のための方法論は、現実世界の内にありながら、そこに真実世界を見出すという、現象・実在一致の哲学であった。

夫れ仏法遥《はる》かにあらず、心中にしてすなわち近し。真如外にあらず、身を棄てていずくにか求めん。(『般若心経秘鍵』)

この言葉に見られるように、密教においては真実は、自己の心中にあり体内にあるものであって、何か外界に実在するもの、実体的なものではなかったのである。

釈尊にあっても、これは基本的な態度であった。菩提樹下《ぼだいじゅげ》、三七《さんしち》(二十一)日の禅定において、釈尊が得られた正覚《しょうがく》(さとり。真実の体認)は釈尊の内なる変化(自内証《じないしょう》)

といわれるように、釈尊本具の肉体・精神をそのままの器とする変化であった。この釈尊の新たな生まれ変わりに、のちの仏教家はそれぞれの表現に従って接近を試みた。

禅家の表現に従えば、それは「見性《けんしょう》」(ものの本性を見てさとる)であろうし、浄土家によれば「往生《おうじょう》」(仏の浄土へ往《ゆ》き生まれる)となり、密教家にあっては「即身《そくしん》成仏《じょうぶつ》」(この身このままで仏となる)という言葉になる。

表現はさまざまであり、アプローチも異なるが、これらの態度に共通して見られることが一つある。それが「現実重視」である。より正確にいうならば「現実重視」というよりは、むしろ「現実回帰」というべきであろう。現実における人間の立場は「世間《せけん》」の立場といわれるが、そこに沈潜せず一歩跳躍して自己と現実を眺めるとき、その立場は「出世間《しゅっせけん》」と呼ばれることとなる。

しかし仏教の面白いところは、この「出世間」から再び世間にもどり、現実にありながら現実にとらわれず、現実を超えながら現実に密着した立場で、人間の問題に取り組もうとする点にある。この立場を「出出世間《しゅつしゅっせけん》」と呼んでいる。

王子であった釈尊は「世間」にあったけれども、妻子を捨てて城を出、出家《しゅっけ》したことによって「出世間」のひととなった。しかし、正覚を得たその時から、自己のつかんだ人類救済の道をひっさげて、ふたたび、業苦《ごうく》のうずまく世間へともどって来たのであって、この時の釈尊は「出出世間」のひととなったのであった。

十六歳で結婚し、二十九歳で出家するまでの釈尊、太子時代の釈尊が「世間」をあらわし、六年の苦行と禅定のころは「出世間」の時代であることはすでに見た。かくて三十五歳で成道《じょうどう》し、八十歳で亡くなるまでの四十五年の長年月、釈尊はあくまでも、出家者としての形（僧形《そうぎょう》）と心を保ちつつ、世のすべてのひとの苦しみと取り組み、その救いに力を尽くしたのであった。これが「出出世間」の在り方であったことはいうまでもない。釈尊自身の表現でも「自らを灯明とせよ」と同趣旨を述べている。

しかし、注意しなくてはならないことは、その場合の、「自ら」・「自らの心」は、自分一個の判断・感情ということではないという点であろう。いつ、どこでも、自分の判断と感情で行動すればいいのだとすれば、仏教的生活とは自由気ままな生活と同じことになってしまう。その危険に陥らぬためには、釈尊の後半の言葉に耳を傾けるべきである。「法を灯明とせよ」とあるのがそれで、いつ、どこでも守るべき正しいものにこそ、われわれは常に従うべきである。

仏教の外界指向——戒律・現実重視

仏教の指し示す正しいものは、世間で正しとするところと多くの場合一致する。世間で殺生を忌むように、仏教も殺生を禁止する。邪淫も盗みも同様である。仏教の戒律の立てるところで、世間の倫理と矛盾するところはほとんどないはずである。仏教が、日常生活においても求められる理由の一つは、ここにあるわけであるが、仏教は、それだけではない。

倫理や道徳は、社会とともに変化する。しかし仏教は、その底にあって変化しないものの上に立っている。これこそ法である。

この「現実重視」ないし「現実回帰」の傾向は、心以外に何の修行の対象も別立しない禅家にあってはもちろんのこと、この身このままで仏となることをめざす密教にあっても、極めて明快な意識をもって受け容れられている。その基調となったのは、のちに「金胎両部」という形で呼ばれるようになった二つの重要経典——『金剛頂経』と『大日経』の中に継承せられている二大潮流であった。

『大日経』の密教思想史の上で果たした役割はほとんど決定的に重要であるが、そのうち、最も特徴的なものを挙げれば、「菩提心」の思想と、「方便」の思想とになるであろう。

「菩提心」(bodhi-citta) の思想は、『大日経』に至って突如として形成されたものではなく、さまざまな呼称とニュアンスのもとで、いわば全仏教史を縦断する中心課題の一つとして生々発展を続けて来たものであった。

その発端はすでに原始仏教のうちに見出される。そこでは、ひとびとは、釈尊のさとりと同等なるさとりがすべてのひとのうちに内在することを確信し、それをおもてに出し、すべての現象に対応して活動できるようにせしめることこそ、仏教的生き方であると考えていた。そのさとりを、ひとびとは「この上なくすぐれた、仏のさとりと同等なる正しきさとり」(無上正等覚《むじょうしょうとうがく》＝anuttara - samyak - saṃbodhi, anuttarāyāṃ samyaksaṃbodhau cittam utpadyti) と呼んだのであった。

大乗仏教の時代に入ると、般若経典では、「発菩提心」(bodhi-cittotpāda) は、「無上正等覚せんと楽《ねが》う深心」(anuttara-samyaksaṃbodhu-kāma-adhyāśaya) と表現された。「深心」という言葉で「菩提心」が表現されるようになったのは、菩提心思想の展開の上で極めて重要である。これは、心中深く、内心の自覚が高められ、その自覚が外に向かって働き、菩薩の自利利他の誓願と修行に向かうのである。この、誓願と修行が菩提心展開の二大基調として、後期大乗仏教の「菩薩行・菩提行」の中心課題として整理され、そのための独立の体系書までも出来あがるに至る。

『華厳経』のような重要大乗経典に至っても発菩提心（bodhiṃ prati cittam utpadyati ＝菩提に向かって心を発す「十地経」）と表現され、求道者が成仏に向かって発心することが強調された。そして「初発心時便成正覚」（「梵行品」）という有名な言葉に表現せられるように、初発心（ādi-cittotpāda）に大きな意味が付せられるに至った。『華厳経』「入法界品」は、善財童子という求道の青年の菩提心が、その体である無相菩提をもととしつつ、有相の形である解脱へと展開して行く過程を描き出したものである。その過程とは、善財童子が次々と訪れる五十三人の善知識のもとで、菩提心を磨いて人生の真実に触れてゆくことである。一人ひとりの善知識との触れ合いが「解脱道場」と呼ばれているのはこのためである。

『大日経』は、このように発展して来た「菩提心」思想を正統に承け継ぎ、飛躍的に発展させた。「菩提心」はその体においてすべてのさとり、真実の全体を内蔵する。その意味では、仏の智慧が、そのままで万物を写し出す力を持つ鏡のような智慧——大円鏡智——と譬えられるのに同じく、鏡のような心ともいえよう。ただし、それは、人生に触れ、普遍性を獲得しないかぎりは「無相」である。いわば、何ものも写し出さない鏡である。その鏡に写し出される社会・世間への働きかけ、近づきが、仏教のいう「方便」で、この言葉自体が「近づき」(upāya) を意味するものであった。『大日経』、ことにその「住心品」は、有名な「三句の法門」によって、この菩提心 (bodhi-citta) を因 (hetu) とし、大悲 (mahā-karuṇā) を根 (mūla) とし、方便 (upāya) を究竟 (paryavasān) とするという、大きな思想転換をなしとげ、後世のインド仏教はもちろん、中国・日本の真言密教形成の上で、実質的な出発点に提供し畢えたのであった。

この『大日経』の役割を最後的に完成したのが『金剛頂経』だった、といってよい。『大日経』が菩提心思想の方便的展開を示すことを役割の第一としたのに対し、『金剛頂経』は、その方便的展開の具体的方法を明らかにすることに努めた。『金剛頂経』の果たした重要教理の解明も極めて多岐にわたり、長い歴史と多数の経典を産んでいくのであるが、その最重要課題は、五部の思想と五相成身の思想と四種マンダラの思想とであろう。

五部の思想とは、人と仏とがその先天的・後天的理由により仏部・蓮華部・金剛部・

宝部・羯磨部の五種に分かれることをいうのであって、背後には、インド社会の部族(kula)構成があることは確かであるが、思想史的には「五姓各別説《ごしょうかくべつせつ》」――すなわち、人の機根には成仏の可能性のない無仏性種姓のものをも含めて五種ありとする説――と一脈通ずる、具体的な人間観察の展開であった。

「四種マンダラ」の説は、仏の世界が図絵（大マンダラ）により、仏具により（三昧耶マンダラ）により、梵字により（法マンダラ）、宇宙の動き（羯磨マンダラ）、すなわち、大三法羯の四種の表現によってわれわれに現前することを指すのであって、これもまた、具体的に仏の世界をわれわれに近づける不可欠の手段として、中国・日本の密教成立に計り知れない大きな影響を与えたのであった。

「五相成身」の思想は、正しくは「五相成身観」といわれるように「観法」である。「観法」とは文字通り、法（真実）を観ることであるが、その「観る」とは決してただ眼で観、頭で分析するだけではない。これもまた仏教の長い歴史で実践されてきたように「止と観」、すなわち「止観」(śamatha-vipaśyanā) である。「止観双修」といわれるように、この二つは常に同時に実行されなくてはならず、その一つだけが切り離されて実践されることは決してない。では「止」とは何か。「観」とは何か。

「止」とは、分別を絶し、邪念を離れて心を一境に置くこと、「観」とは、さらに正智を発して分明《ぶんみょう》に諸法を照見すること、と伝統的に説明される。要約していえば、心の安定と正しい智慧のあり方、ということになるであろう。密教でいう「観法」も、この止観の密教的形態に他ならないのであるから、観ずるものは、密教の法（真実）でなくてはならないが、そのために心を静かにして安定させなくてはならないことはいうまでもない。かくて、密教の「観法」も必然的に方法としてはヨーガ（瑜伽）を採らざるを得なくなってくる。

「五相成身観」もその例外ではあり得ない。それは、月を描いた画像を見つめることにより、月（によってあらわされる大日如来）と我とが一体化する（入我我入観《にゅうががにゅうかん》）ことをめざす月輪観《がちりんかん》と呼ばれる観法によって始まる。これに二段階あって「通達菩提心」（わが心が月輪なりと観ずる境地）、「修菩提心」（菩提心が月輪なりと観ずる境地）がそれであり、これが修し終わると、三昧耶形《さんまやぎょう》（仏を象徴するさまざまな形、仏具）を観ずることによって仏との一体化をめざす二つの段階「成金剛心《じょうこんごうしん》」（自分の菩提心を錬磨して、仏の金剛《こんごう》不退《ふたい》の境地を象徴する五股の金剛杵と同じにさせる境地）、「証《しょう》金剛身」（以上の観法が完成して、行者自身が三昧耶身となる境地）に進み、最後には、「仏身円満」と称して、自分自身が大日如来となり（我即大日《がそくだいにち》）、マンダラ中尊の大日如来の座に坐し、多くの眷属（分身の仏・菩薩等）に取り囲まれる、という境地まで到達する。この最後の境地は尊形観《そんぎょうかん》といわれるものである。

この「五相成身観」は密教行者の具体的修行法として長い歴史を経てきたのみならず、その一部であり、初門である「月輪観《がちりんかん》」（およびそれと相似する「阿字観《あじかん》」「鑁字《ばんじ》観《かん》」など）は、広く密教の在俗信者の間にまで行われていたことは忘れられぬ一面である。

「菩提心」が『大日経』において「因」にたとえられたことは示唆的である。因は種子であり、未発ではあるが、すでにその中に、万朶の花も万朶の果実も可能性として内蔵している。その種子に「根」を与え「仏果」という「究竟」に至らせるのは、世間の中にあっての修行以外にはあり得ない。

菩提心の可能性に全面的に依拠しつつ、決して菩提心を観念の対象としてもてあそぶことに終わらせない、いわゆる「三密の修行」――身体と口と心とで仏と一体化する――や、その具体的方法としての「五相成身観」は、インドの伝統的宗教実践であるヨーガを全面的に取り入れることによって、菩提心を仏果として開花させることに具体的で着実な方法を提示した。その方法は、その後のインド密教においても、チベット密教においても、中国・日本の密教においてもさまざまな形態を見せていったが、本質的真実（空）と、その普遍化（悲）を一体（空悲不二）化する、その方法としてのヨーガ（瑜伽）という大筋は、最後まで変わることはなかったといってよい。

弘法大師の説かれる「秘密」は、実践によってのみ会得される。釈尊の用いられた密呪がいかなるものであったのか知る由もないが、弘法大師の言葉に、

「真言は不思議なり、観誦すれば無明を除く、一字に千理を含み、即身に法如を証す」（『般若心経秘鍵』）

とあり、秘密の真言の示す法界に直接参入するのは、一に、それを用いる人の機にかかっているのである。

注

（1） Random House (Shogakukan) vol.II,p.70,1.

（2） ibid., p.96, 2.

（3） 「金剛乗」という表現（『弘法大師全集』第一輯、七〇、一〇〇頁）と並んで、「密蔵」という表現がよく用いられている（同前、八三、九五頁）。また「密蔵之宗」（同前、八三頁）、「真言秘蔵」（同前、一〇〇頁）、「最上乗密蔵」（同前、一〇〇頁）といういい方も見られる。この「密蔵」とは、宮坂宥勝氏のいう、表現主義の立場からするシンボルであり、このシンボルにより造形化されたものに真理を探る、シンボルを解読する。このことにより、マンダラ世界が実現される。すなわち成仏が成し遂げられるのであるが、この構造は、空海の次のことばで明瞭に示されている。

「密蔵は深玄にして翰墨に載せ難し。更に図面を仮りて悟らざるに開示す。種種の威儀、種種の印契、大悲より出でて一覩に成仏す。」（同九五頁）。

（4） B. Bhattācārya: *An Introduction to Buddhist Esoterism*, Oxford 1932, p. 32. 神代峻通訳『インド密教学序説』（高野山大学内密教文化研究所、昭和三十七年）四〇頁。

（5） タントラ仏教の語も、より広い用例で用いている例もある。たとえば、ダスグプタ博士は、タントラ仏教の語で、後期大乗・密教を意味させている。S. B. Dasgupta: *An Introduction to Tantric Buddhism*, Univ. of Calcutta 1958. 宮坂宥勝他訳『タントラ仏教入門』（人文書院、昭和五十六年）。

（6） 以下、川原栄峰氏の紹介「ルイ・ド・ラ・ヴァレ・プサン『タントリズム』」（『密教文化』第七号、昭和二十四年度、第一冊、五六―六四頁）による。

（7） 開祖の仏教、初期の仏教に、仏教の最も理想的な形態を想定し、時とともに仏教は退化して行ったとみる、宗教に免れがたい復古的史観がこの場合も働いている。ことにわが国においては、このような史観が先頭となって、明治以後、無垢の学界になだれ込んだため、「初期仏教→後期仏教」＝「純粋→堕落」という図式が、消しがたく、仏教者と仏教学者の脳裏に刻み込まれてしまっている。

このような復古的仏教史観に対して、正鵠を得た批判を行ったのは佐伯真光教授である。その「『根本仏教』神話の非神話化と密教」（『六大新報』昭和四十三年一月一日特集号四二頁、のち『大法輪』昭和四十三年四月号に所収、さらに同氏著『アメリカ式・人の死にかた』自由国民社、昭和四十八年、三一九～三三八頁に所収）と題する論文であった。

この論文によれば、十九世紀の末以来、ヨーロッパの仏教学は、その置かれた立場である十九世紀合理主義に従って、パーリ語仏典の中から好みに合う部分だけを拾い出し、まったくの頭の中だけで、純粋・明澄な「原始仏教」なるものを虚構したのである、という。

彼らは、この「原始仏教」の中に、ヨーロッパの「非合理的な」宗教には見出されないユニークな法則性を求めて、四諦・八正道・三法印・十二縁起などという教義を拾い出し、このような「近代的思惟」を生み出した古代の東洋の知恵に随喜したのだ、と。

しかし、このような先入主に導かれたヨーロッパ人の仏教観――オルデンベルグ、ノイマン、ガイガー、ウィンテルニッツ、初期のリス・デイヴィズ、それにいまここで付け加えれば、プサンなどに代表される――は半世紀と続かなかった。パーリ語文献からサンスクリット語文献、チベット語文献へ、さらにシナ、日本の仏教へと欧米人の視野が拡大し、欧米の学者が漢訳の大蔵経を読みこなすようになると事情は一変した。今世紀に入ってからは、仏教をインド思想の一つの流れとして、あるがままの姿でとらえようとする立場がヨーロッパの学界では確立した。文献を先に挙げたような先入主――十九世紀合理主義というような――なくして読めば、古代人のひとりだった仏陀が、十九世紀人と同様に、合理的に行動したのではなかったことはすぐに分かる。また、そうでなかったなら、それこそ不合理である、と佐伯氏は強調される。

このような仏教観の最もはっきりしている仏教学者として、佐伯氏は、ポーランド学派の祖ともいうべき『救済教としての大乗仏教』、『東方の諸宗教』の著者スタニスラフ・シャイエルを挙げる。われわれはこれに、ポーランドの出身で、現在スイスにある仏教文献学の大家クルト・レガメイと、ルーマニヤの出身で、現在アメリカのシカゴ大学にある宗教学者で、仏教やヨーガにも深い造詣と卓抜な問題提起を行っているミルチア・エリアーデなどを加えて、仏教学における東欧学派というものを考えることができるように思う。

こういう流れに立って密教を眺める時、密教を仏教の最終形態と規定し、そのゆえに「原始仏教」より見て、最も堕落した形態と見なし、「原始仏教」になかった神話・祭儀・俗信・神秘主義がここで一時に花開いたと見るような「史観」が、いかに事実に反した「神話」であるかは明らかである。シャイエルによれば、仏教史の順序は、「小乗から大乗へ」ではなく、「大乗から小乗へ」なのである。

しかし、この点については、プサンの史観は図式的ではあるけれども断定的ではない。彼は原始仏教→小乗→大乗→タントラという順序で仏教の発達過程を考えてはいるけれども、原始仏教がそのまま純粋仏教であった、などという「神話」は持っていない。彼は、密教（呪術）への「堕落」の兆候は、大乗のみならず、小乗にも、いな、釈尊の教えそのものの中にも、既に胚胎していた、と見ている。「堕落」と見るかどうかは主観の相違であるが、密教以前の仏教に密教的要素のあったという指摘は尊重されなければなるまい。

佐伯氏は、こうして出来あがった「原始仏教」神話の被害を五項にわたって列挙されたあと、その被害を最も深く、最も長期にわたって受けてきたのは密教であるとして、次のように、その稿を結んでおられる。

「仏教はガンジス河のように豊かなインド思想の流れの一部なのである。ところが根本仏教神話は、この本流と支流の関係をとり違えてしまった。そしてガンジスの本流を脈々と日本にまで伝えた密教を、おろかにも堕落した仏教と考えたのである。人間は元来非合理的なものであり、予知できないものであるという面をいつまでも忘れず、現実の問題から決して離れず、生活に即してものごとを考えるという点で、密教こそインドの大地に根ざした仏教の本流ではないか。」（前掲書、三三七頁）。

同様な指摘は、宮坂氏によってもなされている。

「不幸なことに、これまでの密教は二重の誤認を受けてきたといえよう。十九世紀におけるヨーロッパの仏教研究は釈尊の仏教、いわゆる原始仏教の発見であった。近代合理主義の一般的風潮のなか、自然科学謳歌の時代にあって『非―キリスト教』的な仏教が知性主義的、合理主義的な思惟にたえるもの、〈神と魂の存在を説かぬ宗教〉として迎えられたのは当然であった。そして、原始仏教なるものはヨーロッパ人の仏教学者の作為であったとしても、近代的知性の袋小路に迷い込んだヨーロッパ人としては、むしろ時代の必然的な所産であったかも知れない。したがって、原始仏教こそその後のすべての仏教の範型であるばかりでなく、大乗仏教のなかでも、とくに密教は仏教の中の異流であり、例外的なものであった。さもなければ、密教における深秘性、象徴性、非合理性、儀礼性などの諸要素は原始仏教の尺度に合わないものだったからである。その結果、『密教とは仏教の堕落形態である』という烙印が用意されていたのである。今日でもなお、密教はインド仏教史における異端、大乗仏教の亜流だとする既成観念は、わが国の仏教学界に相当根強いものがある。

しかし、外国の多くの研究者は、従来の『原始仏教』という現代の神話を破壊してしまったし、むしろ密教的なものこそ本来のインド宗教の基盤をなすという意味において、密教こそインド民衆のなかに育った仏教であるとする見方を支持するようになってきている。」（同前）

（8）渡辺照宏『新釈尊伝』昭和四十一年、大法輪閣、二三五頁以下。

（9）たとえば、ある比丘が蛇に咬まれて死んだとき、釈尊は、その比丘が四人の蛇の王、Virūpākkha, Erāpatha, Chabyāputta, Kanhagotamaka に慈悲を示さなかったからである、これからは比丘らは、これらの蛇王と友であることを唱え、比丘は足なきもの、二足のもの、四足のもの、多足のものの友であることを示し、慈悲を与え、災から逃れよ、と諭している。これが蛇よりの「防護」の縁由である。

Cullavagga V, 6, 1, VT, III, p. 75, AN II, p. 72, Khandhavattajātaka, Jausböll II, 144.

(10) この点を明確にしたのは、ダスグプタの功績であった。cf.S.B.Dasgupta: *An Introduction to Tāntric Buddhism*, Univ. of Calcutta 1958. なお壁瀬灌雄氏の紹介「Tantra 仏教論の立場」(『印度学仏教学研究』、九六～七頁) 参照。

現代語訳『辯顕密二教論《べんけんみつにきょうろん》』　巻上

第一章　序

第一節　概論

そもそも、仏《ほとけ》には三種の身《しん》(1)があり、教えには二種類(2)あります。相手の状況に対応する仏（応化《おうけ》）の教説を顕教《けんぎょう》といいます。その言葉はわかりやすく簡略化され、聞く者の能力（機《き》）(3)によく適合しています。真実そのものを身とする仏（法仏《ほうぶつ》）の談話を、密教《みっきょう》といいます。その言葉は非常に奥深く、真実がそのままに説かれます。

顕教の教説は、すべての相手に応じるために多種多様（百億）(4)にあります。それ

それ仏《ほとけ》に三身《さんじん》あり、教《おしえ》は則《すなわ》ち二種《にしゅ》なり。応化《おうけ》の開説《かいせつ》を名《な》づけて顕教《けんぎょう》という。ことば顕略《けんりゃく》にして機《き》に逗《かな》えり。法仏《ほうぶつ》の談話《だんかい》これを密蔵《みつぞう》という。ことば秘奥《ひおう》にして実説《じっせつ》なり。顕教《けんぎょう》の契經部《かいきょうぶ》に百億《ひゃくのく》あり、

(1)　三身＝法身（真実そのもの）・報身（正行の因による報いとしての仏身）・応身（衆生に応じて現われる仏身）。これは顕教と密教に共通。
(2)　二種類＝顕教と密教。
(3)　機＝能力。条件。
(4)　百億＝『釈摩訶衍論』巻一（大正蔵三二・五九三中）に説かれる無数の経典の意。一十・五十一も同論の説。

らの経典《きょうてん》を分類すれば、釈尊《しゃくそん》御一代の教説集（一《いち》）や衆生《しゅじょう》の差異に合わせ十種に説き分けられた教説集（十《じゅう》）、そして、菩薩《ぼさつ》の修行《しゅぎょう》程度に応じた五十一段階の教説集（五十一）に区別されます。さとりへの道筋《みちすじ》（乗《じょう》）には、一乗教や、大乗・小乗の二乗、また声聞乗《しょうもんじょう》・縁覚乗《えんがくじょう》・菩薩乗《ぼさつじょう》の三乗と、これに仏乗《ぶつじょう》を加えた四乗、あるいは三乗に人《にん》・天《てん》を加えた五乗という区別があります。顕教の修行《しゅぎょう》という面では布施《ふせ》・持戒《じかい》・忍辱《にんにく》・精進《しょうじん》・禅定《ぜんじょう》・智慧《ちえ》という六項目（六度《ろくど》）(5)を基本とし、さとりに到る（成《じょう》）までには三大無数劫《さんだいむしゅこう》(6)という非常に長い時間が必要とされるのです。これらについて釈尊（大聖《だいしょう》）は、明確にそのわけを説いておられます。

たとえば秘密の教えを説く『金剛頂経《こんごうちょうぎょう》』(7)に説かれるところでは、如来《にょらい》がさまざまに姿を変えた変化身《へんげしん》という仏身《ぶっしん》は、十地《じゅうち》以前（地前《ちぜん》）(8)の菩薩《ぼさつ》たちと、説法《せっぽう》を聞くことでさとりに到る人びと（声聞《しょうもん》）と、そして、独自の修行《しゅぎょう》でさとる人びと（縁覚《えんがく》）や一般の人びと（凡夫《ぼんぷ》）たちのために、三乗《さんじょう》の教を説かれ、また、仏法《ぶっぽう》の妙味を他者に授ける他受用身《たじゅゆうしん》という仏身は、十地以上（地上《ちじょう》）の菩薩たちのために、『法《ほ》蔵《ぞう》を分《わか》てば則《すなわ》ち一十《いちじゅう》・五十一《ごじゅういち》の差《しゃ》あり、乗《じょう》をいえば則《すなわ》ち一・二・三・四・五の別《べつ》あり、行《ぎょう》を談《だん》ずれば六度《ろくど》を宗《しゅう》となし、成《じょう》を告《つ》ぐれば三大《さんだい》を限《かぎ》りとす。これ則《すなわ》ち大聖分明《だいしょうふんみょう》にその所由《しょゆう》を説《と》きたまえり。

もし『秘蔵金剛頂経《ひぞうこんごうちょうぎょう》』の説《せつ》に拠《よ》らば、如《にょ》来《らい》の変化身《へんげしん》は、地前《ちぜん》の菩薩《ぼさつ》および二乗凡夫《にじょうぼんぷ》等《とう》のために三乗《さんじょう》の教法《きょうぼう》を説《と》き、他受用身《たじゅゆうしん》は、地上《ちじょう》の菩薩《ぼさつ》のために

（5） 六度＝六波羅蜜（ṣaḍ-pāramitā《シャド パーラミター》）。大乗仏教の基本的戒。布施（dāna《ダーナ》 法施・財施・無畏施など）、持戒（sīla《シーラ》 戒を守ること）、忍辱（kṣānti《クシャーンティ》 内に秘める力）、精進（vīrya《ヴィーリヤ》 外に発揮する力）、静慮（dhyāna《ディヤーナ》 深い想念）、智慧（prajñā《プラジニャー》 普遍的智慧）の六。

（6） 三大無数劫＝三大阿僧祇劫。数えきれないほど永い時間。

（7） 金剛頂経＝『略述金剛頂瑜伽分別聖位修証法門』（大正蔵一八・二八八）の取意。

（8） 地前＝菩薩の修行階位（全五十二位）のうち、十地以前の十信・十住・十行・十廻向の段階の境地。

華経《けきょう》』『華厳経《けごんぎょう》』など顕教《けんぎょう》の一乗教等を説かれます。これらは、両方とも顕教です。真実そのものを自身の本性《ほんしょう》とする自性身《じしょうしん》と、真実そのままの妙味に自らがひたり満たされている受用身《じゅゆうしん》は、自ら仏法を楽しむ境地にあって、そのお身内たち（自眷属《じけんぞく》）とともに、真実の身体・真実の言葉・真実の意《こころ》の三つのはたらき（三《さん》密門《みつもん》(9)）を説きあわれます。これを密教《みっきょう》といいます。この真実の、身体・言葉・意《こころ》のはたらきは、如来《にょらい》が自覚された真実智《しんじっち》の境界《きょうがい》です。顕教で仏《ほとけ》と等しいとされる境地（等覚《とうがく》(10)）や、その前の境地（十地《じゅうぢ》(11)）の菩薩《ぼさつ》たちでも、この究極（室《しつ》）に到ることはできません。ましてや、声聞《しょうもん》・縁覚《えんがく》や凡夫《ぼんぷ》たちでは、誰がそのさとりの境界（堂《どう》）に昇ることができるでしょうか。

ですから、この境界について『十地経論《じゅうぢきょうろん》(12)』や『釈摩訶衍論《しゃくまかえんろん》(13)』には、衆生《しゅじょう》の能力（機根《きこん》）を超えていると説かれ、『成唯識論《じょうゆいしきろん》(14)』や『中論《ちゅうろん》(15)』では、衆生の言葉による表現や想像力の及ばない境界である（言断心滅《ごんだんしんめつ》(16)）と、讃歎されているのです。

このように、言語表現や思考からかけ離れているという説明は、いずれもまださ顕《けん》の一乗等《いちじょうとう》を説《と》きたもう。並《なら》びにこれ顕教《けんぎょう》なり。自性《じしょう》・受用仏《じゅゆうぶつ》は、自受法楽《じじゅほうらく》の故《ゆえ》に自眷属《じけんぞく》と各《おのおの》三密門《さんみつもん》を説《と》きたもう。これを密教《みっきょう》という。この三密門《さんみつもん》とはいわゆる如来内証智《にょらいないしょうち》の境界《きょうがい》なり。等覚《とうがく》・十地《じゅうぢ》も室《しつ》に入《い》ること能《あた》わず。いかに況《いわ》んや二乗凡夫《にじょうぼんぷ》をや、誰《たれ》か堂《どう》に昇《のぼ》ることを得《え》ん。

故《ゆえ》に『地論《ちろん》』・『釈論《しゃくろん》』にはその機根《きこん》を離《はな》れたりと称《しょう》し、『唯識《ゆいしき》』・『中観《ちゅうがん》』には言断《ごんだん》心滅《しんめつ》と歎《たん》ず。かくのごとくの絶離《ぜつり》は並《なら》びに

（9）　三密門＝身口意の三平等の法門。真言密教の仏の境界そのもの。

（10）　等覚＝菩薩の修行階位中、第五十二位。まさに仏になる直前の境界。

（11）　十地＝菩薩の修行階位中、第四十一位から五十位までの境界。

（12）　十地経論＝世親造・菩提流支訳。全十二巻中、巻二（大正蔵二六・一三二中）に説かれる因分可説・果分不可説の論。

（13）　釈摩訶衍論＝龍樹菩薩著・後秦筏提摩多訳。全十巻中、巻一（大正蔵三二・六〇一下）に説かれる是法極妙甚深独尊、離機根故の論。

（14）　成唯識論＝玄奘訳、全十巻中、巻十（大正蔵三一・五七中）に説かれる此転依果又不思議、超過尋思言議道故の論。

（15）　中論＝鳩摩羅什訳、全四巻中、巻三（大正蔵三〇・二四上）に説かれる諸法実相者、心行言語断の論。

（16）　言断心滅＝言亡慮絶または言語道断と同義。

とりをひらいていない立場（因位《いんに》）(17)からの説き方であって、すでにさとりの境界にある仏《ほとけ》（果人《かにん》）(18)からの言葉ではありません。何によって、それを知ることができるのでしょうか。経典《きょうてん》や論書《ろんじょ》に、疑問をはさむ余地のない証拠（明鑒《みょうかん》）があるからです。その明らかな証拠文のすべては、後に列記するとおりです。仏の道を求める人は、願わくはそれらの文から趣旨を明らか（暁《ぎょう》）にして下さい。

阿字曼荼羅図

因位《いんに》に約《やく》して談《だん》ず、果人《かにん》をいうにはあらざるなり。何《なに》を以《もっ》てか知《し》ることを得《う》る。経論《きょうろん》に明鑒《みょうかん》あるが故《ゆえ》に。その明証《みょうしょう》つぶさに列《つら》ぬること後《のち》のごとし。求仏《ぐぶつ》の客《かく》、こいねがわくんばその趣《おもむき》を暁《さと》れ。

（17）　因位＝凡夫・衆生の段階。

（18）　果人＝仏・覚ったもの・仏という結果を成就したもの。

第二節　造論の目的

もしも網の目のように多様に説き分けられる顕教《けんぎょう》に執《と》われ、そのために塀《へい》（藩《ばん》）に遮《さえぎ》られた雄羊《おひつじ》（羝《てい》）のように行き詰まったり、あるいは手前（権《ごん》）(19)の関所を目的地と誤って馬車を外《はず》して休む旅人のように、顕教を究極の教えと思う人びとは、『法華経《ほけきょう》』(20)に説かれる幻《まぼろし》の城で休む賓客や、『涅槃経《ねはんぎょう》』(21)に説かれる楊柳《ようりゅう》の黄葉を黄金のように大切にする子供のようであり、このような状態でどうして、自らにそなわっている（己有《こう》）尊くはかり知れない仏のはたらきを、保ち現わすことができるでしょうか。最高の味といわれる醍醐《だいご》(22)を捨てて未熟な味の牛乳《ごにゅう》を求め、宝《ほう》珠《しゅ》(23)を投げうって魚の目玉を拾うような有様になってしまっては、捨てたものの真価はもとより、自らが選び取ったものの価値さえ解らないのですから、本来そなたとい、顕網《けんもう》に触《つ》いて羝蕃《ていばん》し、権関《ごんかん》に壅《ふさが》れて税駕《ぜいが》す、いわゆる化城《けじょう》に息《やす》むの賓《ひん》、楊《よう》葉《よう》を愛《あい》するの児《じ》、何《なん》ぞ能《よ》く、無尽荘厳《むじんしょうごん》、恒《ごう》沙《じゃ》の己有《こう》を保《たも》つことを得《え》んや。醍醐《だいご》を棄《す》てて牛乳《ごにゅう》を覓《もと》め、摩尼《まに》を擲《なげう》って魚珠《ぎょしゅ》を拾《ひろ》うがごとくに至《いた》っては、

(19)　権＝第二の教え。真実に次ぐ教え。
(20)　法華経＝『妙法蓮華経』。鳩摩羅什訳、全八巻中、巻三（大正蔵九・二五下）化城喩品第七の所説。
(21)　涅槃経＝『大般涅槃経』。曇無讖訳の四十巻本を含め漢訳三種あり。全四十巻中、巻二十（大正蔵一二・四八五下）嬰児行品第九の所説。
(22)　醍醐＝五味（乳・酪・生蘇・熟蘇・醍醐）の最上味。
(23)　宝珠＝摩尼(mani《マニ》)。願いに応じてあらゆるものを出す宝玉。

わっている仏としての本性《ほんしょう》も消え（寂種《じゃくしゅ》）(24)、不治の病いにかかっているのも同様です。これでは、最高の医者にたとえられる仏も治療の手段さえなく、甘雨《かんう》のような如来《にょらい》の大慈悲《だいじひ》も、なんら益するところがありません。

しかし、もし仏《ほとけ》に帰依《きえ》する人びとが、一度でも密教《みっきょう》（芸《かおり》）に出合うならば、秦《しん》の始皇帝《しこうてい》の鏡(25)が病人の患部を映し出したように、衆生《しゅじょう》の心に仏《ほとけ》の光明《こうみょう》を照らし、仮りの教えと真実の教え（権実《ごんじつ》）(26)とについての迷いを氷解させることでしょう。このことを説く明らかな証《あかし》は、経《きょう》や論書《ろんじょ》に非常にたくさんありますが、暫定的にその一部を示します。これが初学の人びとに役立つことを願うものです。

質問します。昔から仏法《ぶっぽう》を伝えてきた人びとは、たくさんの書物をつくって仏教のいろいろな教え（六宗《りくしゅう》）(27)を唱え広め、それらに関する経《きょう》・律《りつ》・論《ろん》（三蔵《さんぞう》）を説きゆきわたらせて来ました。そのおびただしい数の書物は、広大な建物（広廈《こうか》）(28)にも溢れるほどであり、人びとはそれらを読むために巻いたりひろげたり（巻舒《けんじょ》）するだけで、疲れ倒れてしまいます。どうして、わずらわしく、今さらこのよう寂種《じゃくしゅ》の人《にん》、膏肓《こうこう》の病《やまい》、医王手《いおうて》を拱《たんだ》き、甘雨《かんう》何《なん》の益《えき》かあらん。もし善男善女《ぜんなんぜんにょ》あって、一《ひと》たびこの芸《かおり》を齅《か》がば、秦鏡《しんきょう》心《こころ》を照《て》らし、権実《ごんじつ》氷解《こおりと》けなん。所有《しょう》の明証《みょうしょう》、経論《きょうろん》に至《いた》って多《おお》しといえども、且《しばら》く一偶《いちぐう》を示《しめ》す。こいねがわくは童幼《どうよう》を裨《おぎな》うことあらん。

問《と》うていわく、古《いにしえ》の伝法者《でんぽうしゃ》、広《ひろ》く論章《ろんしょう》を造《つく》って六宗《りくしゅう》を唱敷《しょうふ》し、三蔵《さんぞう》を開演《かいえん》す。軸広《じくこう》厦《か》に剰《あま》り、人巻舒《にんけんじょ》に僵《た》うる。

(24)　寂種＝仏性の種を滅した人。無仏性、断善根と同義。

(25)　鏡＝『西京雑記』第三の所説。始皇帝が所持していた四方鏡で、病の有無も心の正邪善悪も照らし示したと伝えられる。

(26)　権実＝権は顕教、実は密教。

(27)　六宗＝倶舎・成実・法相・三論・律・華厳の六宗。

(28)　広厦＝厦は大屋の意で、大きな家屋をいう。

な書物をつくるのですか。何の利益《りやく》があるのですか。

答えます。たくさんの示すべき真実があるので、当然編集すべきなのです。先師たちが伝えた仏教は、いずれも顕教《けんぎょう》です。わたしが今から説こうとするところは、秘密の教え（密蔵《みつぞう》）です。多くの人びとは秘密の教えについて、まだ理解を深めてはいません。ですから、さまざまな経論《きょうろん》から重要な主旨を広く選び集め（弋釣《よくちょう》）(29)、それらをまとめて一つの手引書（手鏡《しゅきょう》）とするのです。

金剛独鈷鈴

何《なん》ぞ労《わずら》わしくこの篇《へん》を綴《つづ》る。利益《りえき》いかん。

答《こと》う。多《おお》く発揮《ほっき》することあり、このゆえにまさに纂《つく》るべし。先匠《せんしょう》の伝《つた》うるところはみなこれ顕教《けんぎょう》なり。これはこれ密蔵《みつぞう》なり。人未《にんいま》だ多《おお》く解《さと》らず。この故《ゆえ》に経論《きょうろん》を弋釣《よくちょう》して合《がっ》して一《ひとつ》の手鏡《しゅきょう》となす。

(29)　弋釣＝弋は弓矢で射取り、釣は釣針で捕えるように、経論の重要なところを選び取ること。

第二章　本論

第一節　顕密《けんみつ》の解明

㈠　五つの問答

㈠　質問します。顕教《けんぎょう》と密教《みっきょう》という二つの教えの区別は、どのようなものでしょうか。

答えます。他受用身《たじゅゆうしん》[30]と応化身《おうけしん》[31]による、相手の能力に応じた教えを顕教といい、自受用身《じじゅゆうしん》[32]と法性身《ほっしょうしん》[33]が自らのさとりの境界《きょうがい》を説かれた教えを、密教と名づけます。

問《と》う、顕密二教《けんみつにきょう》その別《べつ》いかん。

答《こと》う、他受用応化身《たじゅゆうおうけしん》の随機《ずいき》の説《せつ》、これを顕《けん》といい、自受用法性仏《じじゅゆうほっしょうぶつ》の内証智《ないしょうち》の境《きょう》を説《と》きたもう、これを秘《ひ》と名《な》づく。

(30) 他受用身＝報身仏。一乗教主。52頁13行目参照。
(31) 応化身＝応身仏。三乗教主。
(32) 自受用身＝智法身。54頁3行目参照。
(33) 法性身＝理法身。三身説では理法身・智法身を合わせて法身仏という。

(二)　質問します。応化身《おうけしん》が説法《せっぽう》されるということは、仏教の諸宗がいずれも認めています。しかし、法身仏《ほっしんぶつ》は色もなく形もないうえに、その境界《きょうがい》については言葉で表現することもできず（言語道断《ごんごどうだん》）、思慮さえ及ばない（心行処滅《しんぎょうしょめつ》）のですから、説法《せっぽう》も表示もありません。諸経《しょきょう》にはみなそのことが説かれ、諸論《しょろん》もまたこのように述べています。それなのになぜあなたは、法身仏《ほっしんぶつ》の説法について述べようとするのですか、その証拠はどこにあるのですか。

答えます。諸の経論《きょうろん》の中に、しばしば法身仏の説法のことが説かれています。しかし、法身説法を説く文章も、執《とら》われた見方で読めば大切なところが読みおとされ、真実の意味は読者の能力に応じて現われるのです。たとえば同一の水も、天人には瑠璃《るり》の荘厳《しょうごん》と見え、餓鬼《がき》には膿血《のうけつ》としか見えないというように、天と鬼とでは見方が異なり（天鬼の見別）(34)、また同じ暗夜も、利鳥《りちょう》はそこに清浄《しょうじょう》な光明《こうみょう》を見、普通の人には暗闇しか見えない（人鳥の明暗）(35)、というのと同様なのです。

問《と》う、応化身《おうけしん》の説法《せっぽう》は諸宗共《しょしゅうとも》に許《ゆる》す。かの法身《ほっしん》のごとくは、色《しき》もなく像《ぞう》もなく、言語道断《ごんごどうだん》し心行処滅《しんぎょうしょめつ》して、説《せつ》もなく示《じ》もなし。諸経《しょきょう》ともにこの義《ぎ》を説《と》き、諸論《しょろん》またかくのごとく談《だん》ず。いまいかんが爾《なんじ》、法身《ほっしん》の説法《せっぽう》を談《だん》ずる、その證《しょう》いづくんか在《あ》るや。

答《こと》う。諸経論《しょきょうろん》の中《なか》に往往《おうおう》にこの義《ぎ》あり。しかりといえども、文《もん》は執見《しっけん》にしたがって隠《かく》れ、義《ぎ》は機根《きこん》を逐《お》って現《あら》わるのみ。譬《たと》えば天鬼《てんき》の見別《けんべつ》、人鳥《にんちょう》の明暗《みょうあん》のごとし。

(34)　天鬼の見別＝『唯識論述記』第七、『摂大乗論』巻下、『大日経疏』第一などに説かれる「一水四見」の譬え。同一の水を、天人は瑠璃宝厳の池と見、人は清らかな冷水と見、魚は住処と見、餓鬼は膿血と見るように、立場によって見方が異なることを示す。一處四見、一境四心。

(35)　人鳥の明暗＝『釈摩訶衍論』第四の所説。迦羅鳩奢那（利鳥、火鳥、眼赤鳥と訳す）は、極闇に清浄な光明を見るが、人は黒闇を見るのみという。

㈢　質問します。もしあなたの説明のとおりならば、諸々の教えの中に法身説法《ほっしんせっぽう》のことは、述べられているわけです。それならなぜ、これまでの伝法者《でんぼう》たちは、そのことを説明しなかったのでしょうか。

答えます。如来《にょらい》の説法は、医師が病気に応じて薬を投与し[36]、相手の病状がいろいろであれば針《はり》や灸《きゅう》を多様に使い分けるのと同様に、さまざまに説き分けられます。相手の能力にあわせた説法は、わかりやすく真実へ導くための仮説（権《ごん》）が多く、真実そのものを説くことは少ないのです。人びとを仏の道へ導こうとする伝法者たちが論書《ろんじょ》をつくる場合は、経典《きょうてん》にしたがって教義を述べ、決してその経典の教えに背くことはありません。ですから、世親《せしん》の書かれた『十地経論《じゅうぢきょうろん》』[37]には、さとりに到るまでの境界《きょうがい》（因分《いんぶん》）は説明ができるという説が展開され、龍猛《りゅうみょう》の著作『釈摩訶衍論《しゃくまかえんろん》』[38]では、大海のように完璧なさとりの境界《きょうがい》（円海《えんかい》）については、解説ができないという説を述べています。これらは応化身《おうけしん》の教えにもとづく経文《きょうもん》にしたがって解説しているので、究極の説法《せっぽう》ではありません。

問《と》う。もし汝《なんじ》が説《せつ》のごとくんば、諸教《しょきょう》の中《なか》にこの義《ぎ》あり。もしかくのごとくならば、何故《なにゆえ》にか前来《ぜんらい》の伝法者《でんぽうしゃ》この義《ぎ》を談《だん》ぜざる。

答《こと》う。如来《にょらい》の説法《せっぽう》は病《やまい》に応《おう》じて薬《やく》を投《とう》じ、根機《こんき》万差《まんじゃ》なれば針灸千殊《しんきゅうせんじゅ》なり。随機《ずいき》の説《せつ》は権《ごん》は多《おお》く実《じつ》は少《すくな》し。菩薩《ぼさつ》、論《ろん》を造《つく》ること、経《きょう》にしたがって義《ぎ》を演《の》べてあえて違越《いおつ》せず。この故《ゆえ》に天親《てんしん》の『十地《じゅうち》』には因分可説《いんぶんかせつ》の談《だん》を馳《は》せ、竜猛《りゅうみょう》の『釈論《しゃくろん》』には円海不談《えんかいふだん》の説《せつ》を挟《はさ》む。これ則《すなわ》ち経《きょう》にしたがってことばを興《おこ》す、究竟《くきょう》の唱《となえ》にあらず。

(36)　薬を投＝応病与薬・対機説法と同じ。

(37)　十地経論＝『十地経論』巻二に説かれる因分可説・果分不可説の論。

(38)　釈摩訶衍論＝『釈摩訶衍論』巻一・巻五・巻十に説かれる不二摩訶衍・性徳円満海の境界は機根・教説を離れているという論。

しかしながら、顕教《けんぎょう》を伝えてきた学匠《がくしょう》たちは、法身説法《ほっしんせっぽう》の深い意味を知りながらも、理解しやすい顕教から解釈をすすめ、その秘奥《ひおう》の趣旨を説ききれないまま、いまだに残してあります。祖師《そし》たちは、そのことを心の中に守り伏せて、応化身《おうけしん》の教えにしたがって説明し、法身説法の深い意味は心に秘めてこられ、またその教えを習い積んだ弟子たちは、各自の宗義《しゅうぎ》として法身は説法をしないという見方を定着させているのです。そして、自分の能力に合った顕教の教え（鉾《ほこ》）を競って身につけ、その立場を損《そこな》い超える法身説法の真実の教え（剣《けん》）を究める遑《いとま》がありません。それだけではなく、釈尊《しゃくそん》の教えが中国[39]に伝わる際、はじめは教義のわずかな伝来から、しだいに多様な教えが伝えられるようになりますが、後漢《ごかん》の明《めい》帝《てい》[40]の時をはじめとして唐《とう》の則天武后《そくてんぶこう》の時代（周天《しゅうてん》）に至るまでに伝えられ翻訳されたものは、みな顕教なのです。やがて、玄宗《げんそう》から代宗《だいそう》の時代[41]に、金剛智《こんごうち》[42]（金智《こんち》）や不空《ふくう》[43]（広智《こうち》）が密教経典《みっきょうきょうてん》を紹介するに至って、密教は勢いをえて、盛んに法身《ほっしん》の説かれる教えが談義されるようになりました。しかし密教という新しい薬も、然《しか》りといえども、顕《けん》を伝《つた》うる法将《ほっしょう》は深義《じんぎ》を会《え》して浅《せん》に従《したが》い、秘旨《ひし》を遺《のこ》して未《いま》だ思わず。師師《しし》伏膺《ふくよう》して口《くち》にしたがって心《しん》に蘊《つつ》み、弟弟《ていてい》積習《しゃくじゅう》して宗《しゅう》にしたがって談《だん》を成《な》す。我《われ》を益《やく》するの鉾《ほこ》を争《あらそ》い募《つの》って、未《いま》だ己《おのれ》を損《そん》するの剣《けん》を訪《とぶら》うに遑《いとま》あらず。しかのみならず、釈教東夏《しゃくきょうとうか》に漸《すす》み、微《び》より著《ちょ》に至《いた》る。漢明《かんめい》を始《はじめ》となし、周天《しゅうてん》を後《のち》として、その中間《ちゅうげん》に翻伝《ほんでん》するところはみなこれ顕教《けんぎょう》なり。玄宗《げんそう》・代宗《だいそう》の時《とき》、金智《こんち》・広智《こうち》の日《ひ》、密教鬱《みっきょうさかり》に起《おこ》って盛《さか》んに秘趣《ひしゅ》を談《だん》ず。新薬《しんやく》

（39）中国＝東夏

（40）明帝の時＝後漢の明帝の永平十年（西暦六七）を、中国の仏教初伝の年とする。紀元前後の頃という説もある。

（41）玄宗から代宗の時代＝唐の六代玄宗（七一三－七五五）から八代代宗（七六五－七七九）の時代。

（42）金剛智＝梵名 Vajrabodhi《ヴァジュラボーディ》 跋日羅菩提（六七一－七四一）。中インドの王子、あるいは南インドのマウリヤ国のバラモンの出身とも伝えられる。十歳でナーランダ寺で出家し諸々の大乗教学を修めた後、南インドで金剛頂経系の密教を学び、インド、スリランカを巡る。さらに航路で中国に渡り、開元八年（七二〇）洛陽に入る。玄宗の援護を受け、約二十年間をかけて金剛頂経系の経軌を翻訳。真言密教の付法第五祖。

（43）不空＝梵名 Amoghavajra《アモーガヴァジュラ》 阿目佉

伝わってから日が浅いために、旧来の顕教《けんぎょう》の病根（旧痾《くあ》）をまだ取り除くことができなかったのです。そのため、『入楞伽経《にゅうりょうがきょう》』(44)の法身仏《ほっしんぶつ》による説法《せっぽう》を説く文や、『大《だい》智度論《ちどろん》』(45)の「法性身《ほっしょうしん》に妙色《みょうじき》を具《ぐ》す」という句などの表現についても、顕教の指導者たちは自らの立場から憶測して解釈し、自宗の教義にしたがって意味を捉えています。非常に惜しいことです。昔のすぐれた指導者たちが、密教の真実の教え（醍醐《だいご》）に出合わなかったということは。

㈣　質問します。もしその理由のとおりならば、どのような経論《きょうろん》に、顕教《けんぎょう》と密《みっ》教《きょう》の区別が説かれているのですか。

答えて言います。『五秘密経《ごひみつきょう》』(46)『瑜祇経《ゆぎきょう》』(47)『分別聖位経《ふんべつしょういぎょう》』(48)『大日経《だいにちきょう》』(49)『入楞伽《にゅうりょうが》経《きょう》』『金剛頂経《こんごうちょうぎょう》』(50)などの経や、(51)『菩提心論《ぼだいしんろん》』(52)『大智度論《だいちどろん》』『釈摩訶衍論《しゃくまかえんろん》』などの論《ろん》書《じょ》に、その選びわけが説かれています。

日浅うして旧痾《くあ》未《いま》だ除《のぞ》かず。『楞伽《りょうが》』法仏説法《ほうぶつせっぽう》の文《もん》、『智度《ちど》』性身妙色《しょうしんみょうしき》の句《く》のごとくにいたっては、胸臆《くおく》に馳《は》せて文《もん》を会《え》し、自宗《じしゅう》に駆《か》って義《ぎ》を取《と》る。惜《おし》いかな、古賢醍醐《こけんだいご》を嘗《な》めざることを。

問《と》う、義《ぎ》もしかくのごとくんば、何等《なんら》の経論《きょうろん》にか顕密《けんみつ》の差別《しゃべつ》を説《と》く。

答《こた》えていわく、『五秘《ごひ》』・『金峯《こんぶ》』・『聖位経《しょういぎょう》』・『遮那《しゃな》』・『楞伽《りょうが》』・『教王《きょうおう》』等《とう》、『菩提《ぼだい》』・『智度《ちど》』・『摩訶衍《まかえん》』、かくのごとくの経論《きょうろん》に簡択《けんちゃく》して説《と》けり。

跋折羅（七〇五―七七四）。北インドのバラモン出の父と康居国出の母をもつが、幼くして父を失い叔母と共に十二歳頃に長安に入る。二十歳で金剛智から具足戒を授かり、後に経軌等百十部百四十三巻を訳著。真言密教の付法第六祖。大弁正広智不空三蔵和上の号を代宗から賜わる。

(44) 入楞伽経＝菩提留支訳、全十巻中、巻二（大正蔵一六・五二五中）の所説。

(45) 大智度論＝龍樹造、羅什訳、全百巻中、巻九（大正蔵二五・一二三下）の所説。

(46) 五秘密経＝『金剛頂瑜伽金剛薩埵五秘密修行念誦儀軌』不空訳、一巻（大正蔵二〇・五三五）。

(47) 瑜祇経＝『金剛峯楼閣一切瑜伽瑜祇経』金剛智訳、全二巻（大正蔵一八・二五三）。

(48) 分別聖位経＝『略述金剛頂瑜伽分別聖位修証法門』不空訳、一巻（大正蔵一八・

㈤　質問者が言います。その証拠となるところを聞かせてください。

答えて言います。わかりました。私はあなたのためにこそ、太陽の光が闇を破るように密教の教えを示して顕教を照らし出し、法身仏《ほっしんぶつ》のさとりの智慧《ちえ》（金剛《こんごう》(53)）で、顕教の迷執《めいしゅう》を打ち砕きましょう。

質問者が言います。ただただ聞きたいと望みます。

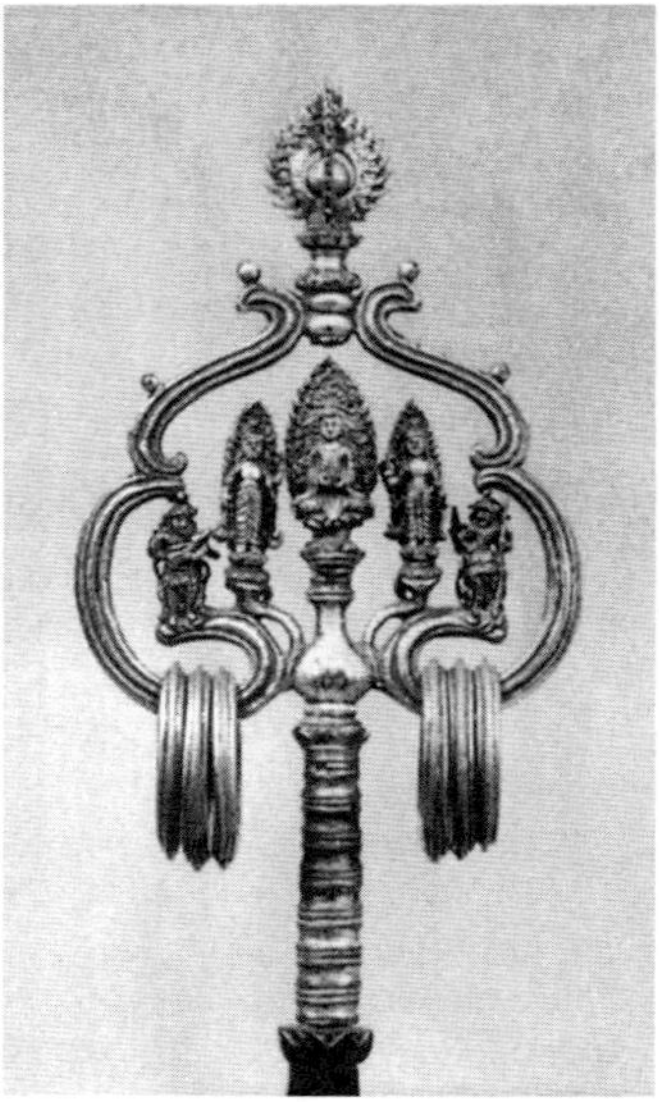

金銅錫杖頭

問者《もんじゃ》のいわく、請《こ》うその証《しょう》を聞《き》かん。

答《こた》えていわく、然《しか》なり、われまさに汝《なんじ》がために日輪《にちりん》を飛《と》ばして暗《あん》を破《は》し、金剛《こんごう》を揮《ふる》って迷《めい》を摧《くだ》かん。

問者《もんじゃ》のいわく、唯《い》唯《い》として聞《き》かんと欲《ほっ》す。

二八七）。

（49）大日経＝『大毘盧遮那成仏神変加持経』善無畏・一行訳、全七巻（大正蔵一八・一）。

（50）金剛頂経＝『金剛頂一切如来真実摂大乗現証大教王経』不空訳、全三巻（大正蔵一八・二〇七）。

（51）など＝『大乗理趣六波羅蜜多経』般若訳、全十巻（大正蔵八・八六五）。『守護国界主陀羅尼経』般若・牟尼室利訳、全十巻（大正蔵一九・五二五）。『菩提場所説一字頂輪王経』不空訳、全五巻（大正蔵一九・一九三）を含む。

（52）菩提心論＝『金剛頂瑜伽中発阿耨多羅三藐三菩提心論』不空訳、一巻（大正蔵三二・五七二）。

（53）金剛＝金剛杵。密教法具の一つで迷を破る武器。以下の喩釈に譬える。

(二)　釈摩訶衍論に見る解明

(一)　龍猛菩薩《りゅうみょうぼさつ》の『釈摩訶衍論《しゃくまかえんろん》』(54)に、次のように説かれています。

「すべての衆生《しゅじょう》は、もともと本質的さとり（本覚《ほんがく》）の特性をそなえていて、捨て失うということは無い。なぜこのような衆生に、先にさとって仏と成る者や、後にさとる者、今さとる者という違いがあったり、修行《しゅぎょう》につとめる者や、なまける者、また聡明な者や、愚かな者などのはかりしれないほどの差異があるのか。仏と同一のさとり（一覚《いっかく》）(55)がそなわっているならば、みなひとり残らず同時に思い立ち修行して、このうえなき仏の道に到達するはずである。本来そなわっている仏性《ぶっしょう》そのものに強弱の違いがあるために、このような差別《しゃべつ》が生じるのであろうか。または、衆生の根本的な無知（無明《むみょう》）による煩悩《ぼんのう》に厚いとか薄いという違いがあって、このような差別が生じるのであろうか。

もし、はじめの説のように仏性の強弱にその原因を問うならば、それは正しくない。なぜならば、衆生に本来そなわっている仏性は、ガンジス河の砂の数より龍猛菩薩《りゅうみょうぼさつ》の釈大衍論《しゃくだいえんろん》にいわく、「一切衆生《いっさいしゅじょう》に無始《むし》より来《このかた》みな本覚《ほんがく》あって捨離《しゃり》するときなし。何《なに》が故《ゆえ》にか衆生先《しゅじょうさき》に成仏《じょうぶつ》するあり、後《のち》に成仏《じょうぶつ》するあり、今成仏《いまじょうぶつ》するあり。また勤行《ごんぎょう》あり、また不行《ふぎょう》あり、また聡明《そうめい》あり、また暗鈍《あんどん》あって無量《むりょう》に差別《しゃべつ》ありや。同《おな》じく一覚《いっかく》あらば、みなことごとく一時《いちじ》に発心《ほっしん》し修行《しゅぎょう》して無上道《むじょうどう》に致《いた》るべし。本覚《ほんがく》の仏性《ぶっしょう》、強劣別《ごうれつべつ》の故《ゆえ》に、かくのごとくの差別《しゃべつ》なるか。無明煩悩《むみょうぼんのう》、厚薄別《こうはくべつ》の故《ゆえ》に、かくのごとく差別《しゃべつ》なるか。もし初《はじめ》のごとくいわば、この事《こと》すなわちしからず。ゆえいかんとなれば、本覚《ほんがく》の仏性《ぶっしょう》は過恒沙《がごうしゃ》の

（54）釈摩訶衍論＝巻五（大正蔵三二・六三七中）の所説。
（55）一覚＝前述の「本覚」と同じ。

も豊富な、諸々の功徳《くどく》を完全に満たしていて、増加したり減少したりすることがないからである。また後の説のように言うならば、これも正しくない。なぜなら、さとりを得て仏の智《ち》が顕《あき》らかになるとき（一地《いっち》）(56)には無明《むみょう》はおのずから消滅する（断《だん》）、ということが成り立たなくなってしまうからである。このような多様ではかりしれない区別は、みな無明に依ってたてられるのであって、仏の境界《きょうがい》（至理《しいり》）(57)にあっては関わりのないものである。

もし(58)そうであるならば、あらゆる修行者が一切の悪を断ち一切の善を修め、すべての修行の段階を経て、このうえなき境地（無上地《むじょうち》）に到達し、そこでは法身《ほっしん》、報身《ほうじん》、応身《おうじん》の三身《さんじん》のはたらきが完成され、常《じょう》、楽《らく》、我《が》、浄《じょう》の四つの徳を完全にそなえるのであるが、このような修行者は、仏の境界《きょうがい》（明《みょう》）に到ったのであろうか、それともそれは無明の境界であろうか。このような修行者は、無明の境地にあり、仏の境界ではない。

もし(59)そうであるならば、清浄《しょうじょう》なる本来のさとりというものは先天的にそなわっ

諸《もろもろ》の功徳《くどく》を円《まどか》んじて増減《ぞうげん》なきが故《ゆえ》に。もし後《のち》のごとくいわば、この事《こと》またしからず。ゆえいかんとなれば、一地断《いっちだん》の義成立《ぎじょうりゅう》せざるが故《ゆえ》に。かくのごとくの種種無量《しゅじゅむりょう》の差別《しゃべつ》は、みな無明《むみょう》によって住持《じゅうじ》することを得《う》。至理《しいり》の中《なか》において、関《あづか》ることなきのみ。もしかくのごとくならば、一切《いっさい》の行者《ぎょうじゃ》、一切《いっさい》の悪《あく》を断《だん》じ、一切《いっさい》の善《ぜん》を修《おさ》め、十地《じゅうち》を超《こ》え、無上地《むじょうち》にいたり、三身《さんじん》を円満《えんまん》し、四徳《しとく》を具足《ぐそく》す。かくのごとくの行者《ぎょうじゃ》は明《みょう》となすや、無明《むみょう》か。かくのごとくの行者《ぎょうじゃ》は無明《むみょう》の分位《ぶんい》にして明《みょう》の分位《ぶんい》にあらず。

もし爾《しか》らば、清浄本覚《しょうじょうほんがく》は、無始《むし》より来《このかた》、

(56)　一地＝仏果。さとりの境地。
(57)　至理＝「本覚」をさす。
(58)　もし…＝以下の五つの問答を、五重問答と呼びならわす。順に染浄始覚・清浄本覚・一法界心・三自一心摩訶衍・不二摩訶衍の五法について論ずる。第一重の問答は、法相宗に相当する。
(59)　もし…＝以下は第二重の問答。三論宗に相当する。

ているので、修行を必要とすることがなく、仏の力（他力《たりき》）の助けを得る必要もない。仏としての徳（性徳《しょうとく》）がまったく欠けることなく満ち満ちて、本来のさとりの智慧《ちえ》を具足《ぐそく》している。それは四句《しく》(60)（有《う》・空《くう》・亦有亦空《やくうやくくう》・非有非空《ひうひくう》）や五辺《ごへん》(61)（四句に非々有非々空《ひひうひひくう》を加えた見方）に分ける認識論を超越していて、衆生《しゅじょう》の論理の及ばないところである。それについて、通常の言葉で自然《じねん》であるとか清浄の心であると言っても表現が及ばず、衆生の言語や思慮からは、はるかに隔絶しているとしか言い表わすことができない。

　このような境界《きょうがい》（本処《ほんじょ》）は、仏の境界《きょうがい》であろうか、それとも無明《むみょう》による境界であろうか。このような境界は、無明による偏った境界（辺域《へんいき》）であり、仏の境界ではない。

　(62)もしそうであるならば、あるがままの仏の心（一法界心《いっぽっかいしん》）は、空《くう》の立場からの否定的表現（百非《ひゃっぴ》）でも、仮有《けう》の立場からの肯定的表現（千是《せんぜ》）でも把握することはできない。さらに、空にも仮有にもかたよらない中《ちゅう》（中道《ちゅうどう》）をも離れている。

修行《しゅぎょう》を観《ま》たず、他力《たりき》を得《う》るにあらず。性徳《しょうとく》円満《えんまん》し、本智《ほんち》是足《ぐそく》せり。また四句《しく》を出《い》で、また五辺《ごへん》を離《はな》れたり。自然《じねん》の言《ごん》も自然《じねん》なること能《あた》わず、清浄《しょうじょう》の心《しん》も清浄《しょうじょう》なること能《あた》わず、絶離絶離《ぜつりぜつり》せり。かくのごとくの本処《ほんじょ》は明《みょう》となすや、無明《むみょう》か。かくのごとくの本処《ほんじょ》は無明《むみょう》の辺域《へんいき》にして明《みょう》の分位《ぶんい》にあらず。

　もし爾《しか》らば一法界心《いっぽっかいしん》は百非《ひゃっぴ》にあらず、千《せん》是《ぜ》に背《そむ》けり。中《ちゅう》にあらず、

(60)　四句＝四句分別。

(61)　五辺＝五辺執。増益・損減・相違・愚痴・戯論の五にも相当する。

(62)　もし…＝以下は第三重の問答。天台宗に相当する。

中でもないということは、天に喩《たと》えられるこのうえなき真実（第一義《だいいちぎ》）という表現も当たらず、このうえなき真実ともいえないのであるから、流れるように巧みな弁説[63]も足を断たれたように言葉がとぎれ、思慮の手だてもなく止ってしまうのである。このような一心をさとった境界は、仏の境界であろうか。それとも無明《むみょう》による境界であろうか。このような一心は、無明による偏った境界であり、仏の境界ではない。

一心[64]に独自の本体、現象、作用（三自《さんじ》）をそなえる大乗《だいじょう》（摩訶衍《まかえん》）のさとりは、一心の一も単なる一ではなく、衆生《しゅじょう》の言葉を仮に用いたものであり、一心の心も衆生の言葉を仮に用いた表現である。三自の自もまた、非我《ひが》に対する我《が》ではなく我と名付けるべきではないが仮に我といい、また自ともいうべきではないが仮に自と表わすのである。我という名称を用いるが実《じつ》の我ではなく、自という表現を用いるが実の自ではない。このように表わされる大乗のさとり（摩訶衍法《まかえんほう》）は、衆生の概念よりはるかに奥深くはるかに幽遠な境界である。このような勝れた境中《ちゅう》にあらざれば天《てん》に背《そむ》き、天《てん》に背《そむ》きぬれば、演水《えんすい》の談《だん》、足断《そくた》って止《と》まり、審慮《しんりょ》の量《りょう》、手《しゅ》亡《ぼう》じて住《じゅう》す。かくのごとくの一心《いっしん》は明《みょう》となすや、無明《むみょう》か。かくのごとくの一心《いっしん》は無明《むみょう》の辺域《へんいき》にして明《みょう》の分位《ぶんい》にあらず。

三自一心摩訶衍《さんじいっしんまかえん》の法《ほう》は、一《いち》も一《いち》なること能《あた》わず、能入《のうにゅう》の一《いち》を仮《か》る。心《しん》も心《しん》なること能《あた》わず、能入《のうにゅう》の心《しん》を仮《か》る。実《じっ》に我《が》の名《な》にあらざれどもしかも我《が》に目《なつ》く。また自《じ》の唱《となえ》にあらざれども、しかも自《じ》に契《かな》えり。我《が》のごとく名《な》を立《た》つれどもしかも実《じつ》の我《が》にあらず。自《じ》のごとく唱《となえ》を得《う》れどもしかも実《じつ》の自《じ》にあらず。玄玄《げんげん》としてまた玄《げん》、遠遠《おんおん》としてまた遠《おん》なり。かくのごとくの勝処《しょうじょ》は

(63) 巧みな弁説＝演水の談。演は長流を意味し、のばし広めることをいう。

(64) 一心に＝以下は第四重の問答。華厳宗に相当する。三自一心摩訶衍法は十玄縁起・理事無礙の法であることを説く。

界は、仏《ほとけ》の境界であろうか。無明《むみょう》による境界であろうか。このような勝れた境界も、無明による偏った境界であって、仏の境界ではない。

比類なき（不二《ふに》）(65)大乗《だいじょう》のさとり（摩訶衍法《まかえんほう》）は、ただこれ比類なき大乗のさとりである。このような比類なき大乗のさとりは、仏の境界であろうか。それとも無明《むみょう》による偏った境界であろうか。」

喩《さと》して(66)います。以上の五つの重要な問答には、非常に深い意味が籠《こ》められています。細心に研究を尽くして、その至極《しごく》のさとりに到るべきです。一々《いついつ》の深い意味を、言葉で紙上に表現することはできません。おおわれて明らかでないことを顕《あき》らかにして、その深い意味を考慮して下さい。

(二)　また『釈摩訶衍論《しゃくまかえんろん》』(67)第一に次のように説かれています。

「なぜ比類なき大乗《だいじょう》のさとりは、因縁《いんねん》(68)が無いのであろうか。これは、極めて至妙《しみょう》であり甚《はなは》だ深く、独立した尊いさとりであって、機根《きこん》を離れているからである。なぜ機根を離れているのか。機根そのものが無いからである。なぜこのさとりに明《みょう》となすや、無明《むみょう》か。かくのごとくの勝処《しょうじょ》は無明《むみょう》の辺域《へんいき》にして明《みょう》の分位《ぶんい》にあらず。不二摩訶衍《ふにまかえん》の法《ほう》は、ただこれ不二摩訶衍《ふにまかえん》の法《ほう》なり。かくのごとくの不二摩訶衍《ふにまかえん》の法《ほう》は明《みょう》となすや、無明《むみょう》か」。

喩《ゆ》していわく、已上《いじょう》の、五重《ごじゅう》の問答甚《もんどうはなは》だ深意《じんい》あり。細心研覈《さいしんけんがく》してすなわちよく極《ごく》に詣《いた》るべし。一一《いちいち》の深義《しんぎ》、紙《かみ》に染《そ》むること能《あた》わず。審《つまびらか》んじてこれを思《おも》え。

またいわく、「何《なに》が故《ゆえ》に、不二摩訶衍《ふにまかえん》の法《ほう》は因縁《いんねん》なきや。この法《ほう》は極妙甚深《ごくみょうじんじん》にして独《どく》尊《そん》なり。機根《きこん》を離《はな》れたるが故《ゆえ》に。何《なに》が故《ゆえ》に機《き》を離《はな》れたるや。機根《きこん》なきが故《ゆえ》に。

(65) 不二＝以下は第五重の問答。不二絶対の本覚。究極のさとり。真言密教の世界に相当する。

(66) 喩して＝以下は空海の喩釈。竪には四家大乗と真言密教との浅深を説きながら、横には五智五仏五大などの深意も含む解釈から、詳細な答えを省略している。

(67) 釈摩訶衍論＝大正蔵三二・六〇一・下の所説。

(68) 因縁＝条件・機根。

ついて説くのか[69]。機根に応じた説法《せっぽう》ではないからである。この大乗のさとりは[70]、一切の真実（真如門《しんにょもん》）をさとった諸仏《しょぶつ》に証得《しょうとく》されるであろうか。このさとりは、それらの諸仏を証得する。一切の現象面の真実（生滅門《しょうめつもん》）をさとった諸仏は、このさとりを証得するであろうか。不可能である。菩薩《ぼさつ》や声聞《しょうもん》・縁覚《えんがく》、そしてすべての衆生《しゅじょう》（異生《いしょう》）もまた、そのとおりで、それぞれに相応した境界を証得することになるが、いずれもこの大乗のさとりのうちに受け入れられているのである。本質的徳性が完全に満ち満ちている仏のさとり（性徳円満海《しょうとくえんまんかい》）[71]とは、この境界である。なぜなら、すべての機根《きこん》の差異を離れ、機根に対応した教説を離れているからである。

相手の条件に対応して説かれる八種類の教説は[72]、相手の関係世界（因縁《いんねん》）に添って展開される。相手の状況に応じて説かれ、またその教えに相応《ふさわ》しい相手が順《したが》い導かれるという教説だからである。なぜ相手の状況（機《き》）に応じて説かれるのか。相手の状況に差異があるからである。このような関係性にもとづく八種類のさと何《なん》ぞ建立《こんりゅう》を須《もち》うるや。建立《こんりゅう》にあらざるが故《ゆえ》に。この摩訶衍《まかえん》の法《ほう》は諸仏《しょぶつ》に得《とく》せらるや。よく諸仏《しょぶつ》を得《とく》す。諸仏《しょぶつ》は得《とく》すや。不《ふ》なるがゆえに。菩薩《ぼさつ》・二乗《にじょう》・一切異生《いっさいいしょう》もまたかくのごとし。性徳円満海《しょうとくえんまんかい》これなり。ゆえいかんとなれば、機根《きこん》を離《はな》れたるが故《ゆえ》に。教説《きょうせつ》を離《はな》れたるが故《ゆえ》に。

八種《はっしゅ》の本法《ほんぽう》は因縁《いんねん》より起《おこ》る。機《き》に応《おう》ずるが故《ゆえ》に。説《せつ》に順《じゅん》ずるが故《ゆえ》に。何《なに》が故《ゆえ》にか機《き》に応《おう》ずる。機根《きこん》あるが故《ゆえ》に。かくのごとくの八種《はっしゅ》の法《ほう》

(69)　説く＝建立。施説。不二法を説くのは、この法に相応しい果人のためであり、因人に説法するためではない、という意。

(70)　大乗のさとり＝不二摩訶衍法。無因縁・無機根のさとり。

(71)　性徳円満海＝仏の世界。果界。性(体)徳（相・用）の完璧な世界。

(72)　八種類の教説＝以下は修行種因海の法を示す。真如と生滅の二門に各一心と体相用三大の四法があるので、八種本法という。

りを証得《しょうとく》した諸仏《しょぶつ》は、それらのみなもとである大乗《だいじょう》の法に受け入れられるであろうか。それらの諸仏は大乗の法《ほう》に受け入れられる。機に応じて説かれた八種類の教えによってさとった諸仏《しょぶつ》は、比類なき大乗の法をさとった諸仏を証得することができるか。不可能である。菩薩《ぼさつ》や声聞《しょうもん》・縁覚《えんがく》、そしてすべての衆生《しゅじょう》もまた同様に機根《きこん》に応じたさとりを得ることになるが、いずれもこの大乗の法に受け入れられているのである。これが、相手に応じた教えと、それに添って修行《しゅぎょう》してゆくという関係をもとに到達する、広大な徳が海のように満ち満ちたさとり(修行種因海)(73)である。なぜなら、相手の状況に差異があり、それに応じた教説が展開されるからである。」と。

(三)　また『釈摩訶衍論《しゃくまかえんろん》』(74)の第十には、次のように説かれています。

「諸仏甚深広大義《しょぶつじんじんこうだいぎ》(75)というのは、大乗《だいじょう》仏教の法のすべてに通じる教え、という意味である。いわゆる、三十三(76)を数える根本的な教法を総摂しているからである。それは、どのような意味であろうか。ここでいう諸仏《しょぶつ》というのは、すなわち比類な

の諸仏《しょぶつ》は得《とく》せらるるや。諸仏《しょぶつ》は得《とく》せらる。諸仏《しょぶつ》を得《とく》すや、不《ふ》なるが故《ゆえ》に。菩薩《ぼさつ》・二乗《にじょう》・一切異生《いっさいいしょう》もまたかくのごとし。修行種因海《しゅぎょうしゅいんかい》これなり。ゆえんは何《なん》となれば、機根《きこん》あるが故《ゆえ》に、教説《きょうせつ》あるが故《ゆえ》に」と。

またいわく、「諸仏甚深広大義《しょぶつじんじんこうだいぎ》とは、すなわちこれ通惣摂前所説《つうそうしょうぜんしょせつ》の門《もん》なり。いわゆる通《つう》じて三十三種《さんじゅうさんしゅ》の本数《ほんじゅ》の法《ほう》を摂《せっ》するが故《ゆえ》に。この義《ぎ》いかん。諸仏《しょぶつ》といっぱ、

(73)　修行種因海＝因位の境界。性徳円満の仏の世界を知らない境界。

(74)　釈摩訶衍論＝大正蔵三二・六六八・上の説。

(75)　諸仏甚深広大義＝『大乗起信論』の流通分の一句。「諸仏甚深広大義、我今随分惣持説、廻此功徳如法性、普利一切衆生界」。

(76)　三十三＝三十二種の因分と不二果分の法との三十三法。全ての法。

き大乗の法《ほう》をさとった仏《ほとけ》である。なぜなら、この比類なき法によって身にそなわる徳《とく》を、他の教法によってさとった仏(77)の徳と比較すると、はるかに勝《すぐ》れているからである。だからこそ『大本華厳契経《だいほんけごんかいきょう》』の中に、次のように説かれるのである。完璧で広大なる徳（円々海徳《えんえんかいとく》(78)）を身にそなえている比類なき諸仏は、とくに勝《すぐ》れている。それ以外のさとりにあるすべての仏は、この海のように完璧な徳を実現することができないのであり、それは教法が劣っているからである、と。

もし、そうであるならば、なぜ広く知られている『華厳契経《けごんかいきょう》(79)』の中に、次のような説があるのであろうか。『華厳経《けごんぎょう》』の教主である盧遮那仏《るしゃなぶつ》(80)は、仏と衆生《しゅじょう》と環境（三種世間《さんしゅせけん》(81)）のすべてに遍満《へんまん》していて、それらを身心《しんじん》としている。この三種世間は、すべてを摂取《せっしゅ》して余すところがない。盧遮那仏《るしゃなぶつ》の身心もまたすべてを摂《おさ》めとり、摂取しきれないものがないのである、と。

盧遮那仏《るしゃなぶつ》は、三種世間を摂取しつくすといっても、機根《きこん》や教説のある因分《いんぶん》の諸仏を摂《せっ》するのであり、果分《かぶん》の比類なき諸仏を摂することはできないのであるから、すなわちこれ不二摩訶衍《ふにまかえん》の法《ほう》なり。ゆえんは何《なん》となれば、この不二《ふに》の法《ほう》を彼《か》の仏《ほとけ》に形《くら》ぶるにその徳勝《とくすぐ》るが故《ゆえ》に。大本《だいほん》『華厳契経《けごんかいきょう》』の中《なか》にかくのごとくの説《せつ》をなす。その円円《えんえん》海徳《かいとく》の諸仏《しょぶつ》は勝《すぐ》れたり。その一切《いっさい》の仏《ほとけ》は円《えん》円海《えんかい》を成就《じょうじゅ》すること能《あた》わず、劣《れつ》なるが故《ゆえ》に。もし爾《しか》らば、何《なに》が故《ゆえ》に分流《ぶんる》『華厳契経《けごんかいきょう》』の中《なか》にかくのごとくの説《せつ》をなす。盧遮那仏《るしゃなぶつ》は三種世間《さんしゅせけん》をその身心《しんじん》となす。三種世間《さんしゅせけん》に法《ほう》を摂《せつ》するに余《あまり》なし。

かの仏《ほとけ》の身心《しんじん》もまたまた摂《せっ》せざるところあることなし。盧遮那仏《るしゃなぶつ》は三世間《さんせけん》を摂《せっ》すといえども、

(77)　仏＝三十二種の因仏。

(78)　円々海徳＝金胎両部の理智不二の果仏。

(79)　華厳契経＝分流は分布流行の意。『大方広仏華厳経』仏陀跋陀羅訳、六十巻（大正蔵九・三九五）

(80)　盧遮那仏＝十身具足の仏身。十身とは衆生身・業報身・国土身・虚空身・法身・智身・如来身・声聞身・縁覚身・菩薩身をいう。

(81)　三種世間＝世は隔別、間は間差という意味で、各々区別されて不同なる三種をいう。器世間と衆生世間と智正覚世間の三。

大本《だいほん》と流布本《るふぼん》の説明には相違がないのである。」

喩《さと》していいます。いわゆる比類なき大乗《だいじょう》の仏《ほとけ》および完璧で広大なる徳《とく》の諸仏《しょぶつ》というのは、自性法身《じしょうほっしん》のことで、これを秘密蔵《ひみつぞう》(82)とも金剛頂大教王《こんごうちょうだいきょうおう》(83)とも名づけるのです。等覚《とうがく》や十地《じゅうち》の菩薩《ぼさつ》なども見聞きすることのできない境界です。ですから、秘密という号《な》が用いられています。詳しくは『金剛頂経《こんごうちょうぎょう》』に説いてあるとおりです。

菩提樹念珠

しかも摂《せっ》と不摂《ふせっ》との故《ゆえ》に、この故《ゆえ》に過《とが》なし」と。

喩《ゆ》していわく、いわゆる不二摩訶衍《ふにまかえん》および円円海徳《えんえんかいとく》の諸仏《しょぶつ》とはすなわちこれ自性法身《じしょうほっしん》なり。これを秘密蔵《ひみつぞう》と名《な》づけ、また金剛頂大教王《こんごうちょうだいきょうおう》と名《な》づく。等覚《とうがく》・十地等《じゅうちとう》も見聞《けんもん》すること能《あた》わず。故《ゆえ》に秘密《ひみつ》の号《ごう》を得《う》。つぶさには『金剛頂経《こんごうちょうぎょう》』に説《と》くがごとし。

(82) 秘密蔵＝身語意三秘密蔵。真言密教をさす。

(83) 金剛頂大教王＝諸教の王にも譬えられるべき金剛界の教法の意。

第二節　諸顕教の果分不可説の論証

㈠　華厳五教章に見る華厳宗の教義

㈠『華厳五教章《けごんごきょうしょう》』(84)の第一巻に、次のように説かれています。

「今まさに、釈迦牟尼仏《しゃかむにぶつ》は、風波のやんだ大海のような自らの深い禅定《ぜんじょう》そのもの(海印三昧《かいいんざんまい》)(85)を、華厳一乗《けごんいちじょう》の教えとして説き開こうとされて、そのあらましを十(86)に分類された。はじめに華厳一乗の教えを説きはじめること（建立乗《こんりゅうじょう》）について明らかにされ、この一乗の教えの内容（分斉《ぶんざい》）を、二つの部門に分けて開示された。一つには別教(87)であり、二つには同教である。別教には、また二つの部門がある。一つには性海果分《しょうかいかぶん》(88)であり、これは説明することができないという旨である。なぜならば、教えを説く言葉とは相応しないからである。すなわちこれは、すべ

『華厳五教《けごんごきょう》』の第一《だいいち》の巻《まき》にいわく、「今《いま》まさに釈迦仏《しゃかぶつ》の海印三昧一乗教義《かいいんざんまいいちじょうきょうぎ》を開《ひら》かんとするに、略《りゃく》して十門《じゅうもん》をなす。初《はじめ》に建立乗《こんりゅうじょう》を明《あか》さば、しかもこの一乗教義《いちじょうきょうぎ》の分齋《ぶんざい》を開《ひら》いて二門《にもん》となす。一《いち》には別教《べっきょう》、二《に》には同教《どうきょう》なり。初《はじめ》の中《なか》にまた二《に》あり、一《いち》にはこれ性海《しょうかい》果分《かぶん》、これ不可説《ふかせつ》の義《ぎ》にあたる。何《なに》を以《もっ》ての故《ゆえ》に、教《きょう》と相応《そうおう》せざるが故《ゆえ》に、

(84)　華厳五教章＝法蔵述『華厳一乗教義分齊章』全四巻（大正蔵四五・四七七上）。華厳宗の教判の書。釈尊一代の説法を、内容別に小乗教・大乗始教・大乗終教・頓教・円教の五教に判別し、華厳教が円教一乗教に相当する最高の教法であると説く。異名に『華厳一乗教分記』『華厳経中一乗五教分斉義』等がある。

(85)　海印三昧＝『華厳経』第六賢首品に説かれる十大三昧の一つで、この経の総定。海は真如そのもの。印は真如に印される万象。一切を平等に印現する仏陀の境界をいう。

(86)　十＝十門。建立一乗、教義摂益、古今立教、分教開宗、乗教開合、起教前後、決択其意、施設異相、所詮差別、義理分斉の十をいう。

(87)　別教＝五教の教判のうち、第五の円教を別教一乗と同教一乗とに分ける。別教一乗は菩薩のための特別の教えで華厳経をさし、同教一乗は三乗のための教えで法華経等をさす。

(88)　性海果分＝別教のなかを因分と果分に分け、先に海のように深いさとりの境界をあげ、後にこの果分に到達するための因行を説く。

ての仏身をその身《み》にそなえている、毘盧遮那仏《びるしゃなぶつ》の独自の境界《きょうがい》なのである。その故に、『十地論《じゅうぢろん》』には、修行中の境界は説明できる（因分可説《いんぶんかせつ》）が、さとりの境界は説明ができない（果分不可説《かぶんふかせつ》）と説かれているのであって、それがこのことである。別教一乗《べっきょういちじょう》のもう一つは、衆生の機縁《きえん》に合わせて説かれた教え（縁起因分《えんぎいんぶん》）で、これは普賢菩薩《ふげんぼさつ》の境界を説明したものである。」と。

(二)　また、『華厳五教章《けごんごきょうしょう》』第四巻の「十玄縁起無礙法門義《じゅうげんえんぎむげほうもんぎ》」(89)には、次のように説かれています。

「そもそも真実世界の縁起《えんぎ》(90)は、自在であり窮《きわ》まりがない。今、重要なところをまとめると二つになる。一つには究極的さとり（究竟果証《くきょうかしょう》）の義を明かしたものである。それはすなわち、すべての身をそなえた仏《ほとけ》（十仏《じゅうぶつ》）が自らに実現された境界《きょうがい》である。二つには縁《えん》にしたがい、因《いん》に関連させて教義を説明したものである。これはすなわち、普賢菩薩《ふげんぼさつ》が華厳一乗《けごんいちじょう》の教えのもとにさとられた境界を説明したものである。はじめの究極的さとりの義とは、一切が完全に自在に関わり合い、一すなわち十仏《じゅうぶつ》の自境界《じきょうがい》なり。故《ゆえ》に『地論《ぢろん》』に因分可説《いんぶんかせつ》・果分不可説《かぶんふかせつ》というはこれなり。二《に》にはこれ縁起因分《えんぎいんぶん》、すなわち普賢《ふげん》の境界《きょうがい》なり」と。

また中《ちゅう》の巻《まき》の十玄縁起無礙法門義《じゅうげんえんぎむげほうもんぎ》にいわく、「それ法界《ほっかい》の縁起《えんぎ》はすなわち自在無窮《じざいむぐう》なり。いま要門《ようもん》をもって略摂《りゃくしょう》して二《に》となす。一《いち》には究竟果証《くきょうかしょう》の義《ぎ》を明《あか》す。すなわち十仏《じゅうぶつ》の自境界《じきょうがい》なり。二《に》には縁《えん》に随《したが》い因《いん》に約《やく》して教義《きょうぎ》を弁《べん》ず。すなわち普賢《ふげん》の境界《きょうがい》なり。初《はじめ》の義《ぎ》とは円融自在《えんにゅうじざい》にして

(89)　十玄縁起無礙法門義＝『五教章』巻四（大正蔵四五・五〇三上）。「義理分斉」について、三性同異義、六義為因縁起、十玄縁起無礙法、六相円融義の四つに分けて説くうちの第三の文。

(90)　真実世界の縁起＝法界縁起。現象世界の一切が、法性の体をそなえ互いに縁起しあう。一即一切・一切即一、円融自在、因陀羅網の境界であり、十仏の自境界である。

がすなわち一切であり、一切がすなわち一である。この究極的さとりの状態や様相は、説明することができないのである。『華厳経《けごんぎょう》』に説かれている究極的さとりの世界、およびすべての身をそなえて自らが融通《ゆうづう》無礙《むげ》であるということなどは、すなわちその事実をさしている。この境界は、帝釈天《たいしゃくてん》の珠玉《しゅぎょく》を連ねた網《あみ》(91)の喩《たと》えや、一切を含容する微細《みさい》(92)な毛穴などの喩えによる説明でも論じきれるものではない。この境界は、説明することができないということである。なぜ説明できないのかといえば、それは教義を説明する手段と相応しないからである。故に『十地論《じゅうぢろん》』に、修行中の境界は説明することができるが、さとりの境界《きょうがい》そのものは説明することができないと説かれているのであり、『華厳経《けごんぎょう》』と同じ意味なのである。

問う。そのような意味があるならば、なぜ『華厳経《けごんぎょう》』の「仏不思議法品《ぶつふしぎほうぼん》」に、さとり（果《か》）の境界を説明されるのか。

答える。この品《ほん》に説かれるさとりの境界は、衆生《しゅじょう》の機縁《きえん》にしたがって、衆生の修行《しゅぎょう》を完成させるために、相対的(93)にさとりの境界を説いたものである。究極的な一即一切《いちそくいっさい》、一切即一《いっさいそくいち》なり。その状相《じょうそう》を説《と》くべからざるのみ。『華厳経《けごんぎょう》』の中《なか》に究竟果分《くきょうかぶん》の国土海《こくどかい》および十仏《じゅうぶつ》の自体融義等《じたいゆうぎとう》のごとくはすなわちその事《じ》なり。因陀羅《いんだら》および微細《みさい》等《とう》を論《ろん》ぜず。これ不可説《ふかせつ》の義《ぎ》にあたれり。何《なに》をもっての故《ゆえ》に。教《きょう》と相応《そうおう》せざるが故《ゆえ》に。故《ゆえ》に『地論《ちろん》』に因分可説《いんぶんかせつ》・果分不可説《かぶんふかせつ》といっぱすなわちその義《ぎ》なり。

問《と》う。義《ぎ》もしかくのごとくならば、何《いかん》が故《ゆえ》に経《きょう》の中《なか》にすなわち仏不思議品等《ぶつふしぎほんとう》の果《か》を説《と》くや。答《こと》う。この果《か》の義《ぎ》はこれ縁《えん》に約《やく》して形対《ぎょうたい》して因《いん》を成《じょう》ぜんがための故《ゆえ》にこの果《か》を説《と》く。

（91）網＝Indra《インドゥラ》（帝釈天）の網。「十玄門」に、㈠同時具足相応門、㈡一多相容不同門、㈢諸法相即自在門、㈣因陀羅微細境界門、㈤微細相容安立門、㈥秘密隠顕倶成門、㈦諸蔵純雑具徳門、㈧十世隔法異成門、㈨唯心廻転普成門、㈩託事顕法生解門の十を説くうちの㈣の説文。

（92）微細＝（91）の㈤の説文。

（93）相対的＝形対《ぎょうたい》。因分と果分との関係を仮に対置して説明すること。

自在の境界を説いたものではない。なぜならば、この「仏不思議法品」は、衆生の立場に立ってさとりを説明するために、理解しやすく形をかりて表現しているだけなのである。」

(三)　また『華厳五教章《けごんごきょうしょう》』第四巻には、次のように説かれています。

「問う。以上までに説くように、さとりの境界は縁《えん》を離れていて、衆生《しゅじょう》の言葉では説明することのできない様相であって、但《ただ》、そのさとりに到るまでの状況を論ずることはできる、と言うのであれば、なぜ、菩薩修行《ぼさつしゅぎょう》の初段階の終わるところで、成仏《じょうぶつ》を作《な》すという結果を得る（作仏得果）教法を説くのであろうか。

答える。今、成仏《じょうぶつ》を作《な》すというのは、修行の初段階が終わると、次に三生《さんしょう》[94]を経て成仏するという教義によるもので、第一の生《しょう》に、『華厳経《けごんぎょう》』を見聞することにより、第二の生では華厳の教えを了解し、実行する「解行位《げぎょうい》」という修行段階に進み、この段階の終わりに修行段階を究《きわ》め尽くした行者《ぎょうじゃ》は、第三の生で、まったく自在なる究極の仏の境地という結果を得るのである。この修行段階は、成仏とい究竟自在《くきょうじざい》の果《か》に拠《よ》るにあらず。然《しか》るゆえんは、不思議法品等《ふしぎほうぼんとう》は因位《いんに》と同会《どうえ》にして説《と》くがための故《ゆえ》に、知《しり》んぬ、形対《ぎょうたい》するのみ」と。

またいわく、「問《と》う、上《かみ》に果分《かぶん》は縁《えん》を離《はな》れて不可説《ふかせつ》の相《そう》なり、ただし因分《いんぶん》を論《ろん》ずといわば、何《なに》が故《ゆえ》に十信《じっしん》の終心《しゅうしん》にすなわち作仏《さぶつ》得果《とっか》の法《ほう》を弁《べん》ずるや。

答《こと》う、いま作仏《さぶつ》といっぱ、ただし初《はじ》め見《けん》聞《もん》より已去乃至第二生《いこないしだいにしょう》にすなわち解行《げぎょう》を成《な》し、解行《げぎょう》の終心《しゅうしん》に因位窮満《いんにぐうまん》するもの、第三《だいさん》生《しょう》においてすなわちかの究竟自在円融《くきょうじざいえんにゅう》の果《か》を得《う》るなり。

（94）　三生＝華厳宗では三生成仏を説く。第一に見聞生、第二に解行生、第三に証入生で、次第に仏果を成ずる。

う結果に相対して成りたつからである。但《ただ》、修行段階を成満《じょうまん》した者は、仏の境界《きょうがい》へさらに進んで、さとりの世界に没入することになる。これは、さとり（証《しょう》）の境界であるから説明することはできない。」

喩《さと》していいます。『十地論《じゅうぢろん》』および『華厳五教章《けごんごきょうしょう》』に説かれる、さとりの世界は説明できないとする文と、前述の龍猛菩薩《りゅうみょうぼさつ》の『釈摩訶衍論《しゃくまかえんろん》』に説かれる、比類なき仏《ほとけ》のさとりや完全なるさとりの世界は説明できないとする言葉とは、内容が一致しています。いわゆる、修行中の境界は説明できる（因分可説《いんぶんかせつ》）という立場は、顕教《けんぎょう》の教えです。さとりの境界は説明できない（果性不可説《かしょうふかせつ》）とされる、まさにそのさとりの世界を説くのが、密教《みっきょう》の本分なのです。何を論拠に、そのように知ることができるのかといえば、『金剛頂経《こんごうちょうぎょう》』に明らかに説かれているからです。智《こころ》ある者は、つまびらかにこのことを考えるように。

この因《いん》の体《たい》は果《か》によって成《な》るによるが故《ゆえ》に。ただし因位《いんに》満《まん》ずる者《もの》勝進《しょうしん》してすなわち果海《かかい》の中《なか》に没《もっ》す。これ証《しょう》の境界《きょうがい》たるが故《ゆえ》に不可《ふか》説《せつ》なるのみ」。

喩《ゆ》していわく、『十地論《じゅうぢろん》』および『五教《ごきょう》』の性海不可説《しょうかいふかせつ》の文《もん》と、かの龍猛菩薩《りゅうみょうぼさつ》の不二《ふに》摩訶衍《まかえん》・円円性海不可説《えんえんしょうかいふかせつ》の言《ごん》と、懸《はる》かに会《かな》えり。いわゆる因分可説《いんぶんかせつ》とは顕教《けんぎょう》の分斉《ぶんざい》、果《か》性不可説《しょうふかせつ》というはすなわちこれ密蔵《みつぞう》の本分《ほんぶん》なり。何《なに》をもってか然《し》か知《し》るとならば、『金《こん》剛頂経《ごうちょうぎょう》』に分明《ふんみょう》に説《と》くが故《ゆえ》に。有智《うち》の者《もの》審《つまびら》かにこれを思《おも》え。

金剛盤

(二) 摩訶止観に見る天台宗の教義

天台大師《てんだいだいし》の『摩訶止観《まかしかん》』[95]の第三巻に、次のように説かれています。

「この空《くう》・仮《げ》・中《ちゅう》の三諦《さんたい》[96]の真理は、衆生《しゅじょう》の思慮の及ぶところではなく、衆生の論理では決定し得ない。実に説くことができないのである。もし機縁《きえん》にしたがって、相対的に説明するならば、次の三つの意味にまとめられる。第一に、随情説《ずいじょうせつ》〈すなわち衆生の意《こころ》に随《したが》った教説である〉。第二に、随情智説《ずいじょうちせつ》〈すなわち衆生の修行段階に合わせて、仏《ほとけ》が自らの境界を説く教説である〉。第三に、随智説《ずいちせつ》〈すなわち仏《ほとけ》自らの意《こころ》に随った教説である〉。どのようなものが、随情説の三諦《さんたい》であるかといえば、たとえば、盲目で乳の色を知らない人びとのために、その白さを貝や米の粉や雪や鶴のようであると、四つの比譬《ひゆ》[97]で説明しても、四人の盲人が、それぞれの理解したことに執《とら》われて四つの論争を生じてしまうように、理性がおおわれた凡夫《ぼんぷ》の愚かな状態もまた同様である。三諦《さんたい》を知らない凡夫のために、仏《ほとけ》は大慈悲心《だいじひしん》から衆生《しゅじょう》に相応《ふさわ》しい方策をたてて、有門《うもん》・空門《くうもん》・空有門《くううもん》・非空非有門《ひくうひうもん》を説明して理

『天台止観《てんだいしかん》』の第三巻《だいさんかん》にいわく、「この三《さん》諦《たい》の理《り》は不可思議《ふかしぎ》にして決定《けつじょう》の性《しょう》なし。実《じっ》に説《と》くべからず。もし縁《えん》のために説《と》かば、三《みっ》つの意《い》を出《い》でず。一《いち》には随情説《ずいじょうせつ》（すなわち随他意語なり）、二には随情智説《ずいじょうちせつ》（すなわち随自他意語なり）、三には随智説《ずいちせつ》（すなわち随自意語なり）なり。いかんが随情説《ずいじょうせつ》の三諦《さんたい》なる。盲《もう》の乳《にゅう》を識《し》らざれば、ために貝《ばい》・粖《まっ》・雪《せっ》・鶴《かく》の四の譬《たとえ》を説《と》く。四盲《しもう》各各《おのおの》に解《げ》を作《な》して執《しっ》して四の諍《あらそい》を起《おこ》すがごとく、凡情《ぼんじょう》の愚翳《ぐえい》もまたかくのごとし。三諦《さんたい》を識《し》らざれば、大悲《だいひ》の方便《ほうべん》をもってために有門《うもん》・空門《くうもん》・空有門《くううもん》・非空非有門《ひくうひうもん》を説《と》きたもうに、

(95)　摩訶止観＝天台大師智顗の『摩訶止観』巻三（大正蔵四六・二六下）の文。

(96)　三諦＝諦は、真理、真実の意。縁起の法を空・仮・中で説くが、これは即空・即仮・即中で円融無礙であり一即一切、一切即一の妙理であるとする。

(97)　四つの譬喩＝『涅槃経』に説く常楽我浄を知らない外道の説話を転用したもの。

解を促されるが、この諸々の凡夫はついに、常《じょう》・楽《らく》・我《が》・浄《じょう》(98)の真実の様相を理解できず、互いに自分の理解した有《う》や空《くう》のみに執《とら》われて、他を非難しあうことは、あの四人の盲人のようである。そのように世間《せけん》（常途《じょうず》）でも、真《しん》・俗《ぞく》の二諦《にたい》で表わされる真理を解釈するのに二十三家《け》(99)の見解の相違があり、それぞれが個別の論をたて、各々に異なった見解を主張して、自らの意見に固執し他を非難している。それではまるで、仏《ほとけ》の教え（甘露《かんろ》(100)）を学びながら、生命を傷つけて若死にをするようなことなのである。云云。

随智説《ずいちせつ》の三諦《さんたい》とは、菩薩修行《ぼさつしゅぎょう》のうち、十住位《じゅうじゅうい》の初住《しょじゅう》からの教説にあたり、但《ただ》、中道《ちゅうどう》の真理だけが仏のさとりの境界《きょうがい》であるとするばかりではなく、真《しん》も俗《ぞく》もいずれも衆生《しゅじょう》の思慮を越えていて説くことができないとする。この真実の三諦は、奥深く微妙《みみょう》であり、唯《ただ》、仏の真実の智《ち》のみが照らすところであって、説くことができず考えることも及ばず、この教説を聞く者は驚きあやしむばかりなのである。三諦《さんたい》の理は自ら顕《あら》われず（内）、他に依って顕われる（外）こともない。現象世界この諸《もろもろ》の凡夫《ぼんぷ》ついに常《じょう》・楽《らく》・我《が》・浄《じょう》の真実《しんじつ》の相《そう》を見《み》ること能《あた》わず。客空有《おのおのくうう》を執《しっ》して互相《たがい》に是非《ぜひ》すること、かの四盲《しもう》のごとし。ゆえに常途《じょうず》に二諦《にたい》を解《げ》するは二十三家《にじゅうさんけ》なり。家《け》家不同《けふどう》にして各各《おのおの》に異見《いけん》し、自《じ》を執《しっ》して他《た》を非《ひ》す。甘露《かんろ》を飲《の》むといえども、命《みょう》を傷《やぶ》って早《はや》く夭《うしな》うと云云。

　随智説《ずいちせつ》の三諦《さんたい》とは、初住《しょじゅう》より去《このかた》、ただし中《ちゅう》を説《と》くに視聴《しちょう》を絶《ぜっ》するのみにあらず。真《しん》俗《ぞく》もまたしかなり。三諦玄微《さんたいげんみ》にして唯智《ただち》の照《て》らすところなり。示《しめ》すべからず、思《おも》うべからず。聞《き》く者《もの》驚恠《きょうけ》しなん。内《ない》にあらず、外《げ》にあらず。

(98)　常・楽・我・浄＝『涅槃経』の四徳の句。『杲宝鈔』第七（五丁右）に三諦と四徳とは異名同義であると記されている。

(99)　二十三家＝唐の道宣の『広弘明集』第二十一巻（大正蔵五二・二四六・下）に説く二諦についての二十三の異解をいう。

(100)　甘露＝『涅槃経』第八に「或は甘露を服して命を傷うて早く夭するものあり、方等も亦是の如し。智者には甘露と為り愚にして仏性を知らざるものこれを服すれば毒と成る」と説く。

は、この三諦の顕われであるということで難解とはいえず、衆生《しゅじょう》は現象の真実相である三諦を知りえないということで容易ともいえない。色《もの》としての相《そう》も心《こころ》としての相（非相《ひそう》）も離れている。世の中のふつうのもののあり方（世法）ではなく、定まったあり方（相貌《そうぼう》）があるのでもない。諸々の否定的表現（百非《ひゃっぴ》）によっても、この三諦《さんたい》の理を言いあらわすには、食い違う（同遣《どうけん》）ばかりで、有《う》・無《む》・一《いっ》・異《い》（四句《しく》）という分類のしかたで理解しようとしても、みな正しくはない。ただ、仏《ほとけ》と仏との間でだけ究《きわ》めつくされるさとりの世界である。衆生《しゅじょう》の言語表現では説明できず、思慮も及ばないところで、凡夫の想像力では推量することさえできないのである。あるいは「中道《ちゅうどう》」という言葉を用い、または「三諦《さんたい》」という言葉で表現しても、衆生《しゅじょう》の思い描くことの不可能なところで、たとえ声門《しょうもん》や縁覚《えんがく》でさえはかり知ることができないのであるから、まして凡夫《ぼんぷ》ではまったく知り得ない。前に譬《たと》えた乳白色の真実の色を、眼の見える人が正しく見て、それを言葉であれこれと表現してみても、盲人にはついに知ることができないようなものである。

難《なん》にあらず、易《い》にあらず。相《そう》にあらず、非《ひ》相《そう》にあらず。これ世法《せほう》にあらず、相貌《そうみょう》あることなし。百非洞遣《ひゃっぴどうけん》し、四句皆亡《しくかいもう》す。唯仏《ただほとけ》と仏《ほとけ》とのみ乃《すなわ》ち能《よ》く究尽《ぐじん》したまえり。言語《ごんご》道断《どうだん》し、心行処滅《しんぎょうしょめつ》す。凡情《ぼんじょう》をもって図《はか》り想《おも》うべからず。もしくは一《いち》、もしくは三《さん》、みな情望《じょうもう》を絶《ぜっ》し、なお二乗《にじょう》の測《はか》るところにあらず。いかにいわんや凡夫《ぼんぷ》をや。乳《にゅう》の真色《しんしき》、眼開《まなこひら》けたるは、すなわち見《み》、徒《いたづら》に言語《ごんご》を費《ついや》せども、盲《めしい》はついに識《さと》らざるがごとし。

このような教説を、随智説《ずいちせつ》の三諦《さんたい》の様相と称するのである。すなわちこれは、仏《ほとけ》自身の意《こころ》を語る教説（随自意語《ずいじいご》）である。」

喩《さと》して言います。この天台宗《てんだいしゅう》の観《かん》ずるところは、空《くう》・仮《げ》・中《ちゅう》という三諦《さんたい》で表現されるさとりの段階に過ぎません。一瞬に念じた心に同時にそなわる三諦であり、これが究極のさとりとされるのです。この『摩訶止観《まかしかん》』で、否定的表現を重ねても説くことができず（百非同遣《ひゃっぴどうけん》）、論理的分類を重ねても表現が及ばず（四句皆亡《しくかいもう》）、ただ仏《ほとけ》と仏とが互いに確認しあうことだけが可能な境界《きょうがい》（唯仏与仏乃能究尽《ゆいぶつよぶつないのうぐじん》）である、という説明に行きつくのは、この宗に限らず他の宗も含めて、このように究極のさとりをとらえているということです。これが真言密教《しんごんみっきょう》以外の教え（顕教《けんぎょう》）の要点（関楔《かんせつ》）なのです。しかし、真言密教の教えでは、これを仏のさとりの入口とします。この境界《きょうがい》は究極のさとり（秘奥《ひおう》）ではありません。さとりを求める人（仰覚の薩埵《ぎょうがくのさった》）は、このことによく注意しなければなりません。

かくのごとくの説《せつ》をば名《な》づけて随智説《ずいちせつ》の三《さん》諦《たい》の相《そう》となす。すなわちこれ随自意語《ずいじいご》なり」と。

喩《ゆ》していわく、この宗《しゅう》の所観《しょかん》は三諦《さんたい》に過《す》ぎず。一念《いちねん》の心中《しんちゅう》にすなわち三諦《さんたい》を具《ぐ》す。これをもって妙《みょう》となす。かの百非洞遣《ひゃっぴどうけん》、四《し》句皆亡《くかいもう》、唯仏与仏乃能究尽《ゆいぶつよぶつないのうぐじん》のごとくに至《いた》っては、この宗《しゅう》、他《た》の宗《しゅう》、これをもって極《ごく》となす。これすなわち顕教《けんぎょう》の関楔《かんせつ》なり。ただし、真言蔵家《しんごんぞうけ》には、これをもって入道《にゅうどう》の初《しょ》門《もん》となす。これ秘奥《ひおう》にはあらず。仰覚《ぎょうがく》の薩《さつ》埵《た》思《おも》わずんばあるべからず。

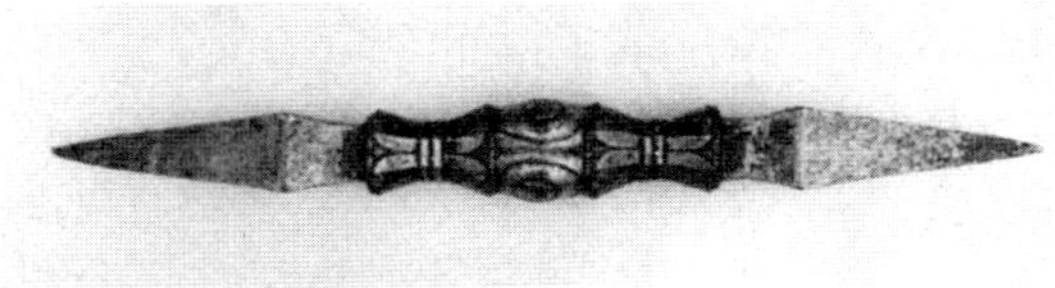

金剛独鈷杵

㈢　入楞伽経に見る天台宗の教義

『入楞伽経《にゅうりょうがきょう》』(101)の第八巻には、次のように説かています。

「仏《ほとけ》が大慧《だいえ》(102)に告げて言われるには、私はむかし、菩薩《ぼさつ》の修行《しゅぎょう》をしている諸々の声聞《しょうもん》たちの中で、まさに入滅《にゅうめつ》の時に身体から解放され完全な涅槃《ねはん》（無余涅槃《むよねはん》(103)）に入ろうとしている者に対して、あなたは将来、必ず仏に成る、という予告を与えた。(104)大慧よ、私がこのような声聞に成仏《じょうぶつ》の予告を与えるのは、弱い心の衆生《しゅじょう》に勇気をもたせようとするためである。大慧よ、この世界のうち、および他の仏国土《ぶっこくど》の衆生たちの中で、菩薩の修行を実行していながら、しかも声聞の教法による修行をねがう者がある。このような人の心を転換させて、大乗《だいじょう》のさとり(105)を求めるようにさせるためである。この成仏の予告は、衆生に対応して導く仏（応化身《おうけしん》）が、声聞のために授けるのである。報身仏《ほうじんぶつ》あるいは法身仏《ほっしんぶつ》として授けるのではない。」と。

喩《さと》していいます。この『楞伽経《りょうがきょう》』の文によれば、『法華経《ほけきょう》』は応化身《おうけしん》の説かれ

『楞伽経《りょうがきょう》』にいわく、「仏《ほとけ》、大慧《だいえ》に告《つ》げたまわく、われかつて菩薩《ぼさつ》の行《ぎょう》を行《ぎょう》ぜん諸《もろもろ》の声聞等《しょうもんとう》の、無余涅槃《むよねはん》によるがために、しかも授記《じゅき》を与《あた》う。大慧《だいえ》、われ声聞《しょうもん》に授記《じゅき》を与《あた》えることは、怯弱《こにゃく》の衆生《しゅじょう》に勇猛心《ゆうみょうしん》を生《しょう》ぜしめんがためなり。大慧《だいえ》、この世界《せかい》の中《うち》、および余《よ》の仏国《ぶっこく》に、諸《もろもろ》の衆生《しゅじょう》、菩薩《ぼさつ》の行《ぎょう》を行《ぎょう》じて、しかもまた声聞法《しょうもんぼう》の行《ぎょう》を楽《ねが》うあり。かの心《こころ》を転《てん》じて大菩提《だいぼだい》を取《と》らしめんがためなり。応化身《おうけしん》の仏《ほとけ》、応化《おうけ》の声聞《しょうもん》のために授記《じゅき》す。報仏法身《ほうぶつほっしん》の仏《ほとけ》として記莂《きべつ》を授《さず》くるにはあらず」と。

喩《ゆ》していわく、この文《もん》によらば、『法華経《ほけきょう》』はこれ応化仏《おうけぶつ》の所説《しょせつ》なり。

(101)　入楞伽経＝菩提留支訳『入楞伽経』十巻のうち、巻八（大正蔵一六・五六〇下）の文。
(102)　大恵＝『楞伽経』の対告主の名前。
(103)　無余涅槃＝有余涅槃に対する語で、身体を滅した究竟の涅槃をいう。
(104)　予告＝記莂《きべつ》（成仏後の様子を予め示す）を授けること。vyākaraṇa《ヴィヤーカラナ》　授記。
(105)　大乗のさとり＝大菩提。

た教えであるということです。なぜならば、『法華経』の授記品《じゅきほん》には仏《ほとけ》が声聞《しょうもん》に対して、成仏《じょうぶつ》の予告を授けると説かれているからです。ある人が『法華経』を法身仏《ほっしんぶつ》の教説であると談義していますが、これははなはだしく人をあざむく（誣罔《ふもう》(106)）だけのことです。

㈣　二諦義章に見る法相宗の教義

㈠　法相宗《ほっそうしゅう》の慈恩法師《じおんほっし》の『大乗法苑義林章《だいじょうほうおんぎりんしょう》』巻第二「二諦義章《にたいぎしょう》(107)」には、次のように説かれています。

『瑜伽師地論《ゆがしじろん》(108)』・『成唯識論《じょうゆいしきろん》(109)』の説く、真実世界と現象世界との二つの諦《あき》らかな真実（二諦《にたい》）には、四種の解釈がなされる。現象世界（世俗諦《せぞくたい》）の四つの名称とは、一には世間世俗諦といい、真理を隠し世情にあわせて説かれるので、有名無実諦《うみょうむじったい》ともいわれる。二には道理世俗諦《どうりせぞくたい》といい、衆生《しゅじょう》の理論にあわせて差異を説くことから、随事差別諦《ずいじしゃべつたい》ともいわれる。三には証得世俗諦《しょうとくせぞくたい》といい、修行者を導く方策と何《なに》をもっての故《ゆえ》に。応化《おうけ》の声聞等《しょうもんとう》のために、仏記莂《ほとけきべつ》を授《さず》けたもうが故《ゆえ》に。ある者法身《ものほっしん》の説《せつ》と談《だん》ず。甚《はなは》だ誣罔《ふもう》なるのみ。

慈恩法師《じおんほっし》の『二諦義《にたいぎ》』にいわく、「瑜伽《ゆが》・唯識《ゆいしき》の二諦《にたい》におのおの四重《しじゅう》あり。世俗諦《せぞくたい》の四名《しみょう》といっぱ、一《いち》には世間世俗諦《せけんせぞくたい》（または有名無実諦と名づく）、二《に》には道理世俗諦《どうりせぞくたい》（または随事差別諦と名づく）、三《さん》には証得《しょうとく》世俗諦《せぞくたい》（または方便安立諦と名づく）、

(106)　誣罔＝誣も罔も「あざむく」という意味。

(107)　二諦義章＝大慈恩寺の窺基の『大乗法苑義林章』のうち巻二（大正蔵四五・二八七中）の文。

(108)　瑜伽師地論＝無著造、玄奘訳『瑜伽師地論』百巻のうち巻六四（大正蔵三〇・六五三下）からの取意。

(109)　成唯識論＝世親造の『唯識三十頌』を護法等十大論師が解釈したもので、玄奘訳『成唯識論』十巻のうち巻九（大正蔵三一・四八上）からの取意。

して八正道をたて、四諦の関係を証《さと》らせるので、方便安立諦《ほうべんあんりゅうたい》ともいわれる。四には勝義世俗諦《しょうぎせぞくたい》といい、さとりの境界から真実（勝義）を説くために仮に真如などの言葉を用いながらも、この境界はあらゆる表現を越えている、という意味から、仮名非安立諦《けみょうひあんりゅうたい》といわれる。仏のさとりの境界である勝義諦の四つの名称とは、一には世間勝義諦《せけんしょうぎたい》といい、ものそれ自体とものの作用について説かれることから、体用顕現諦《たいゆうけんげんたい》ともいわれる。二には道理勝義諦《どうりしょうぎたい》といい、四諦《したい》の道理を明らかにし、ものごとの因果《いんが》・差異を説くことから、因果差別諦《いんがしゃべつたい》ともいわれる。三には証得勝義諦《しょうとくしょうぎたい》といい、法《ほう》を教える道（法門）によって真実を自らに実現することを説くので、依門顕実諦《えもんけんじつたい》ともいわれる。四には勝義勝義諦《しょうぎしょうぎたい》といい、言葉で言い表わすことが不可能な究極の真実世界を説くことから廃詮談旨諦《はいせんだんじたい》ともいわれる。この四種の真実の境界のうち前の三種は、言語表現が可能であるということから、安立勝義諦《あんりゅうしょうぎたい》と名づける。第四の一種だけは、まったく表現することができないので、非《ひ》安立勝義諦というのである。」と。

四《し》には勝義世俗諦《しょうぎせぞくたい》（または仮名非安立諦と名づく）なり。勝義諦《しょうぎたい》の四名《しみょう》とは、一《いち》には世間勝義諦《せけんしょうぎたい》（または体用顕現諦と名づく）、二《に》には道理勝義諦《どうりしょうぎたい》（または因果差別諦と名づく）、三《さん》には証得勝義諦《しょうとくしょうぎたい》（または依門顕実諦と名づく）、四《し》には勝義勝義諦《しょうぎしょうぎたい》（または廃詮談旨諦と名づく）なり。前《さき》の三種《さんしゅ》をば安立勝義諦《あんりゅうしょうぎたい》と名《な》づく、第四《だいし》の一種《いっしゅ》は非安立勝義諦《ひあんりゅうしょうぎたい》なり。」

(二)　また、同書には次のようにも説かれています。

「勝義勝義《しょうぎしょうぎ》とは、そのさとり自体が絶妙であり言語表現を離れ、はるかにすべての様相を超えているということから、勝義という。真実の智慧《ちえ》をもつ仏の内なるさとりの境界であり、前の四種の世俗諦《せぞくたい》を超えているので、また勝義諦《しょうぎたい》と名づけるのである。」と。

(三)　また、次のようにも説かれています。

「第四の勝義勝義諦《しょうぎしょうぎたい》とは、何らかの名称をあたえることができず（非安立《ひあんりゅう》）、言語表現が不可能（廃詮談旨《はいせんだんじ》）な、真実そのものの境界《きょうがい》（一真法界《いっしんほっかい》）である。」と。

喩《さと》していいます。この『二諦義章《にたいぎしょう》』の中に説かれる勝義勝義《しょうぎしょうぎ》・廃詮談旨《はいせんだんじ》・聖智《しょうち》内証《ないしょう》・一真法界《いっしんほっかい》・体妙離言《たいみょうりごん》などと、究極のさとりの境界《きょうがい》は説くことが不可能だとする表現を用いる教えは、顕教《けんぎょう》の領域です。すなわち、『釈摩訶衍論《しゃくまかえんろん》』に説かれる五種類の言葉[110]のうち、さとりに到るまで（因位《いんに》）の人びとの使用する四種類の言葉[110]では、この境界の説明ができないのです。ただ、真実そのものを自らの本性とまたいわく、「勝義勝義《しょうぎしょうぎ》とは体妙離言《たいみょうりごん》にして迥《はるか》に衆法《しゅうほう》に超《こ》えたるを名《な》づけて勝義《しょうぎ》となす、聖智《しょうち》の内証《ないしょう》にして前《さき》の四俗《しぞく》に過《す》ぎたるをまた勝義諦《しょうぎたい》と名《な》づく。」

またいわく、「第四《だいし》の勝義勝義諦《しょうぎしょうぎたい》とは、いわく、非安立《ひあんりゅう》・廃詮談旨《はいせんだんじ》・一真法界《いっしんほっかい》なり」と。

喩《ゆ》していわく、この章《しょう》の中《なか》の勝義勝義《しょうぎしょうぎ》・廃詮談旨《はいせんだんじ》・聖智内証《しょうちないしょう》・一真法界《いっしんほっかい》・体妙離言《たいみょうりごん》等《とう》といっぱ、かくのごとくの絶離《ぜつり》はすなわちこれ顕教《けんぎょう》の分域《ぶんいき》なり。いわく、因位《いんに》の人等《にんとう》の四種《ししゅ》の言語《ごんご》みなおよぶこと能《あた》わず、

（110）　四種類の言葉＝『釈摩訶衍論』巻二（大正蔵三二・六〇五下）に説く五種言説（相言説・夢言説・妄執言説・無始言説・如義言説）の前の四種言説をいう。如義言説のみが真実を説き、他は虚妄であるとする。

する仏《ほとけ》（自性法身《じしょうほっしん》）だけが、第五番目の真実をそのまま表わす独自の言葉（如義《にょぎ》真実《しんじつ》の言《ごん》）で、この説明困難な境界を表現されます。これを真言秘教《しんごんひきょう》と名づけるのです。『金剛頂経《こんごうちょうぎょう》』などの経典が、これに当たります。

(五) 大智度論に見る三論宗の教義

(一) 『大智度論《だいちどろん》』(11)の第五巻には次のように説かれています。

「すべてのものの真実の様相は、不生《ふしょう》・不滅《ふめつ》・不断《ふだん》・不常《ふじょう》・不一《ふいつ》・不異《ふい》・不去《ふこ》・不来《ふらい》である。すべてが因縁《いんねん》によるという真実は、もろもろの無意味な議論（戯論《けろん》）を超越している。仏《ほとけ》は明らかにこのことを説かれている。私はいま、その仏を敬い礼拝《らいはい》しているのである。

すなわち、すべてのものは生《しょう》にあらず、滅《めつ》にあらず、不生《ふしょう》にあらず、不滅《ふめつ》にあらず、非不生滅《ひふしょうめつ》にあらず、また非非不生滅《ひひふしょうめつ》でもない。すでにとらわれから離れた境界に到れば、空《くう》とも不空《ふくう》とも表現ができないのである。このような境界は、も唯自性法身《ただじしょうほっしん》のみいまして、如義真実《にょぎしんじつ》の言《ごん》をもってよくこの絶離《ぜつり》の境界《きょうがい》を説《と》きたもう。これを真言秘教《しんごんひきょう》と名《な》づく。『金剛頂《こんごうちょう》』等《とう》の経《きょう》これなり。

『智度論《ちどろん》』第五《だいご》にいわく、「不生《ふしょう》・不滅《ふめつ》・不断《ふだん》・不常《ふじょう》・不一《ふいつ》・不異《ふい》・不去《ふこ》・不来《ふらい》なり。因縁生《いんねんしょう》の法《ほう》は、諸《もろもろ》の戯論《けろん》を滅《めっ》す。仏《ほとけ》よくこれを説《と》きたもう。われ今《いま》まさに礼《らい》すべし。乃至《ないし》、諸法《しょほう》は生《しょう》にあらず、滅《めつ》にあらず、不《ふ》生《しょう》にあらず、不滅《ふめつ》にあらず、非不生滅《ひふしょうめつ》にあらず、また非非不生滅《ひひふしょうめつ》にあらず。すでに解《げ》脱《だつ》を得《え》つれば、空《くう》にあらず、不空《ふくう》にあらず。かくのごとく等《とう》

(111) 大智度論＝龍樹造、鳩摩羅什訳『大智度論』百巻（大正蔵二五・九七中）のうち巻五の文。冒頭に八不中道を説く。

ろもろの無意味な議論を捨て去り、言語表現を離れていて、深く仏《ほとけ》の世界に入っているので、心のはたらきが完全に自由自在であり、一切の動揺も退歩もない境界であるということから、これを無生法忍《むしょうほうにん》と名づける。これが、真実の仏の道へ導く入口になるのである。」と。

㈡　また、『大智度論《だいちどろん》』の第三十一巻には次のように説かれています。

「また次に、現象（有為《うい》）を離れて真実そのもの（無為《むい》）はない。なぜなら現象世界の真実の様相は、すなわちまさに真実そのものだからである。しかし、真実そのものの様相は、現象ではない。ただ衆生《しゅじょう》は、真実が見えない状態（顛倒《てんどう》）にあるので、分類し区別して説明するために、現象世界のすがたとは生起《しょうき》（生《しょう》）・消滅（滅《めつ》）・常住（住《じゅう》）・変異（異《い》）であり、真実世界のすがたとは、不生《ふしょう》・不滅《ふめつ》・不住《ふじゅう》・不異《ふい》であると説くのである。この現象と真実についての正しい理解を仏《ほとけ》の真実の世界へ導く最初の門とする。」と。

は諸《もろもろ》の戯論《けろん》を捨滅《しゃめつ》して言語道断《ごんごどうだん》し、深《ふか》く仏法《ぶっぽう》に入《い》る。心通無礙《しんつうむげ》にして不動不退《ふどうふたい》なるを無生忍《むしょうにん》と名《な》づく。これ助仏道《じょぶつどう》の初門《しょもん》なり」と。

また三十一《さんじゅういち》にいわく、「またつぎに有為《うい》を離《はな》れてすなわち無為《むい》なし。ゆえは何《いかん》となれば、有為《うい》の法《ほう》の実相《じっそう》はすなわちこれ無為《むい》なり。無為《むい》の相《そう》はすなわち有為《うい》にはあらず。ただし衆生顛倒《しゅじょうてんどう》せるがための故《ゆえ》に分別《ふんべつ》して、有為《うい》の相《そう》とは生《しょう》・滅《めつ》・住《じゅう》・異《い》なり、無為《むい》の相《そう》とは不生《ふしょう》・不滅《ふめつ》・不住《ふじゅう》・不異《ふい》なりと説《と》けり。これを入仏法《にゅうぶっぽう》の初門《しょもん》となす」と。

ます。

㈥　般若燈論に見る三論宗の教義

㈠　龍猛菩薩《りゅうみょうぼさつ》の『般若燈論《はんにゃとうろん》』(112)の「観涅槃品《かんねはんぼん》」の頌《じゅ》には、次のように説かれています。

「真実そのものの境界では、仏はもともと説法《せっぽう》をなさることがない。仏は分類《ぶんるい》・区別《くべつ》というはからいを超えておられるのであるから、大乗《だいじょう》・小乗《しょうじょう》という区別をたてて、大乗を説かれることもない。応化身《おうけしん》（化仏《けぶつ》）が説法するというならば、それは適切ではない。仏は本来、真実そのものであり説法の意図（心）はない。教化《きょうけ》する者は、真実そのものの仏ではないのである。真実そのものの中にあっては、化仏もまた説法ということがなく、そこでは分類・区別を離れて本来空《くう》である本性のままなので、慈悲《じひ》の心さえない。衆生《しゅじょう》という固定的な実体はなく、また仏《ほとけ》という固定的な実体もない。仏という実体もないのであるから、悲愍《あわれみ》の心もないのである。」と。

これについて、分別明菩薩《ふんべつみょうぼさつ》の注釈書には、次のように説かれています。

龍猛菩薩《りゅうみょうぼさつ》の『般若燈論《はんにゃとうろん》』の観涅槃品《かんねはんぼん》の頌《じゅ》にいわく、

「かの第一義《だいいちぎ》の中《なか》には、仏《ほとけ》はもとより説法《せっぽう》したまわず。

仏《ほとけ》は無分別者《むふんべつしゃ》なり、大乗《だいじょう》を説《と》くこと然《しか》らず。

化仏説法《けぶつせっぽう》すといわば、この事《こと》すなわち然《しか》らず。

仏《ほとけ》は説法《せっぽう》に心《しん》なし、化者《けしゃ》はこれ仏《ほとけ》にあらず。

第一義《だいいちぎ》の中《なか》において、かれもまた説法《せっぽう》せず。

無分別性空《むふんべつしょうくう》にして、悲心《ひしん》あること然《しか》らず。

衆生無体《しゅじょうむたい》の故《ゆえ》に、また仏体《ぶったい》あることなし。

かの仏無体《ほとけむたい》の故《ゆえ》に、また悲愍《ひみん》の心《しん》なし」と。

分別明菩薩《ふんべつみょうぼさつ》の『釈《しゃく》』にいわく、

(112)　般若燈論＝龍樹の偈本に対して清弁（分別明）が解釈し、波羅頗蜜多羅が訳した『般若燈論釈』十五巻のうち巻十五観涅槃品（大正蔵三〇・一三〇下）の文。

「この中で説かれる真実そのもの（第一義《だいいちぎ》）について説明するならば、仏《ほとけ》は本来、平等であって差別《しゃべつ》のない様相（一相《いっそう》）であるから、限定的に表現される様相はない（無相《むそう》）。仏という特別のすがたもなく、大乗《だいじょう》という格別の教法もない。第一義というのは、比類なき真実の智慧《ちえ》（不二智《ふにち》）である。汝《なんじ》の説く偈頌《げじゅ》は、正しく私の仏法《ぶっぽう》の道理を説いている。いままさに汝のために、如来《にょらい》の身《しん》について説明しよう。如来の身とは、一切の限定が無い（無分別《むふんべつ》）境界《きょうがい》であるといっても、それ以前に、他者の幸せを願う熱意（願力《がんりき》）をもち、その大いなる誓願《ちかい》に添って仏の真実の智慧《ちえ》を実現されたのであるから、すべての衆生《しゅじょう》を救い摂《おさ》め、いつでも衆生に応じたすがた（化身《けしん》）によって、文字や文章や文句を使用した教えを説き出されるのである。一切の外道《げどう》・声聞《しょうもん》・縁覚《えんがく》（辟支仏《びゃくしぶつ》）には共通することのない仏のさとりを示すために、人と法《ほう》との無我《むが》の教法を開き演《の》べる。それは真実そのもののさとりの完成を成しとげさせようと願うために、また、この上なき最高の仏の教えをさとらせようと願うために、大乗《だいじょう》と名づける教法なのである。真実そのもの

「この中《なか》に第一義《だいいちぎ》を明《あか》さば、一相《いっそう》の故《ゆえ》にいわゆる無相《むそう》なり。仏《ほとけ》もなくまた大乗《だいじょう》もなし。第一義《だいいちぎ》とはこれ不二智《ふにち》の境界《きょうがい》なり。汝《なんじ》が説《と》く偈《げ》は正《ただ》しくこれ我《わ》が仏法《ぶっぽう》の道理《どうり》を説《と》けり。今《いま》まさに汝《なんじ》がために如来《にょらい》の身《しん》を説《と》かん。如《にょ》来《らい》の身《しん》とは、無分別《むふんべつ》なりといえども、先《さき》に利他《りた》の願力《がんりき》を種《う》えしをもって、大誓《だいせい》の荘厳《しょうごん》熏修《くんじゅう》するがための故《ゆえ》に、よく一切衆生《いっさいしゅじょう》を摂《せっ》して、一切時《いっさいじ》において化仏《けぶつ》の身《しん》を起《おこ》す。この化身《けしん》によって文字章句《もんじしょうく》あって次第《しだい》に声《こえ》を出《い》だす。一切《いっさい》の外道《げどう》・声聞《しょうもん》・辟支仏《びゃくしぶつ》に共《ぐう》せざるが故《ゆえ》に。しかもために二種《にしゅ》の無我《むが》を開《かい》演《えん》す。第一義波羅蜜《だいいちぎはらみつ》を成就《じょうじゅ》せんと欲《おも》うがための故《ゆえ》に、最上乗《さいじょうじょう》に乗《じょう》ずる者《もの》を成就《じょうじゅ》せんと欲《ねが》うがための故《ゆえ》に、名《な》づけて大乗《だいじょう》となす。

である仏《ほとけ》であるから、この仏によって応身《おうじん》・化身《けしん》が示され、この応化身《おうけしん》によって説法《せっぽう》がなされる。この真実そのものである仏が、仏身の説法の因《いん》となるので、私の説く二諦《にたい》の意味も壊《こわ》されず、また世間の説明も生きてくるのである。

また次のように言う。

第一義《だいいちぎ》の中では限定された実体というものはないので、幻のようであり変化《へんげ》のようであるともとらえられる。これを誰が説明し、誰が聴くのであろうか。そのようであるから、如来《にょらい》は説法《せっぽう》の場もなく、教法として示すべきものもないのである。」と。

(二) また『釈観邪見品《しゃくかんじゃけんぼん》』(113)第二十七には、次のように説かれています。

『般若経《はんにゃぎょう》』の中に説かれることに、仏《ほとけ》は勇猛《ゆうみょう》・極勇猛菩薩《ごくゆうみょうぼさつ》に告げられて、五蘊《ごうん》のうち、色《しき》は本来空《くう》という本性であるから、これに偏《かたよ》った認識を与え（起見《きけん》）たり、また認識そのものを断じ（断見《だんけん》）て空にとらわれたりするところでもない。乃至《ないし》、五蘊《ごうん》の他の受《じゅ》・想《そう》・行《ぎょう》・識《しき》についても同様に、偏見を与えたりまたそれを第一義《だいいちぎ》の仏《ほとけ》あるが故《ゆえ》に、かの仏《ほとけ》に依止《えじ》して化身《けしん》を起《おこ》す。この化身《けしん》より説法《せっぽう》を起《おこ》す。第一義《だいいちぎ》の仏《ほとけ》、説法《せっぽう》の因《いん》となるによるが故《ゆえ》に、我《わ》が所立《しょりゅう》の義《ぎ》をも壊《え》せず。また世間《せけん》の所欲《しょよく》をも壊《え》せず。またいわく、第一義《だいいちぎ》の中《なか》には、幻《げん》のごとく化《け》のごとし。誰《たれ》か説《と》き、誰《たれ》か聴《き》かん。これをもっての故《ゆえ》に如来《にょらい》は処所《しょしょ》なし。一法《いっぽう》としてために説《と》くべきことなし」と。

また「観邪見品《かんじゃけんぼん》」にいわく、『般若《はんにゃ》』の中に説《と》かく、仏《ほとけ》、勇猛《ゆうみょう》・極勇猛菩薩《ごくゆうみょうぼさつ》に告《つ》げたまわく、色《しき》は見《けん》を起《おこ》す処《ところ》にあらず、また見《けん》を断《だん》ずる処《ところ》にあらず、乃至《ないし》、受《じゅ》・想《そう》・行《ぎょう》・識《しき》も見《けん》を起《おこ》す処《ところ》にあらず、

（113）　釈観邪見品＝『般若燈論』巻十五（大正蔵三〇・一三五中）の文。

否定して断ずるところではないと知ることを、般若波羅蜜《はんにゃはらみつ》と名づける、とある。今、偏見を起こしたり、それを断じるなどの区別を生じる縁起《えんぎ》が本来ない、ということを説きあかして理解させることは、いわゆる一切の無意味な議論や一致・相違（一異《いちい》）などの種々の偏《かたよ》った見解をやめて、ことごとくみな寂静《じゃくじょう》の真実の様相を実現することでもある。それが自覚の法《ほう》であり、虚空のように偏らない法(如虚空法《にょこくうほう》)であり、すべての分類や差別《しゃべつ》を離れた法であり、真実そのもののさとりの境界《きょうがい》の法なのである。このような真実そのもののすぐれた味わいを説き示して理解させることが、この『般若燈論《はんにゃとうろん》』の主旨である。」と。

喩《さと》していいます。いま、この文によって明らかに知ることができるでしょう。中観《ちゅうがん》(114)などの説明では、もろもろの無意味な議論をやめて、寂静《じゃくじょう》なる絶離した境界《きょうがい》を、その究極的なさとりであるとしています。このような表現の真意は、みな否定的な解釈による教え（遮情《しゃじょう》の門《もん》）にあります。これは積極的で具体的（表徳《ひょうとく》）な解釈ではありません。『大智度論《だいちどろん》』の論主《ろんしゅ》である龍樹菩薩《りゅうじゅぼさつ》は、ご自分でこの境界《きょうがい》また見《けん》を断《だん》ずる処《ところ》にあらずと知《し》るをば、これを般若波羅蜜《はんにゃはらみつ》と名《な》づく。いま起等《きとう》の差別《しゃべつ》縁起《えんぎ》なきをもって開解《かいげ》せしむることは、いわゆる一切《いっさい》の戯論《けろん》および一異等《いちいとう》の種種《しゅじゅ》の見《けん》を息《や》めて、ことごとくみな寂滅《じゃくめつ》なる、これ自覚《じかく》の法《ほう》なり。これ如虚空《にょこくう》の法《ほう》なり。これ無分別《むふんべつ》の法《ほう》なり。これ第一義《だいいちぎ》の境界《きょうがい》の法《ほう》なり。かくのごとく等《とう》の真実《しんじつ》の甘露《かんろ》をもって開解《かいげ》せしむる、これ一部《いちぶ》の論宗《ろんしゅう》なり」と。

喩《ゆ》していわく、いまこの文《もん》によらば、明《あきら》かに知《し》んぬ。『中観《ちゅうがん》』等《とう》は諸《もろもろ》の戯論《けろん》を息《や》めて寂滅絶離《じゃくめつぜつり》なるをもって宗極《しゅうごく》となす。かくのごとくの義意《ぎい》はみなこれ遮情《しゃじょう》の門《もん》なり。これ表徳《ひょうとく》の謂《いい》にはあらず。論主自《ろんしゅみずか》ら

(114)　中観＝鳩摩羅什訳『中論』四巻（大正蔵三〇・一）、『十二門論』一巻（大正蔵三〇・一五九）、『百論』二巻（大正蔵三〇・一六八）など、三論宗の所依の論書に説くところ。

を、仏道《ぶつどう》へ入る初門《しょもん》であると断定しておられます。こころある智者《ちしゃ》は、よく注意して、このことを十分に正しく理解するように。

制多伽童子

入道《にゅうどう》の初門《しょもん》と断《だん》じたまえり。意《こころ》あらん智者《ちしゃ》心《こころ》を留《とど》めてこれを九思《きゅうし》せよ。

第三節　密教の論証

㈠　大智度論に見る果分可説

龍樹菩薩《りゅうじゅぼさつ》の『大智度論《だいちどろん》』(115)第三十八巻には、次のように説かれています。

「仏法《ぶっぽう》の中に二諦《にたい》についての教説がある。一は現象にあらわれた真実（世諦《せたい》）であり、二は真実そのもの（第一義諦《だいいちぎたい》）である。現象にあらわれた真実によれば、相対的に仏《ほとけ》・衆生《しゅじょう》の区別があるので、衆生があると説き、真実そのものの世界によれば、一切が平等で差別《しゃべつ》を越えているので、衆生という固定的なものはないと説く。また、ここに二種類の人があり、名字《みょうじ》の意味を知る者と、それを知らない者とがある。たとえば軍隊で暗号を使うときに、その意味を知る者と知らない者があることと同様である。また、別の二種類の人があり、仏の教えを習いはじめ龍樹菩薩《りゅうじゅぼさつ》の『大智度論《だいちどろん》』の三十八《さんじゅうはち》にいわく、「仏法《ぶっぽう》の中《なか》に二諦《にたい》あり。一《いち》には世諦《せたい》、二《に》には第一義諦《だいいちぎたい》なり。世諦《せたい》のための故《ゆえ》に衆生《しゅじょう》ありと説《と》き、第一義諦《だいいちぎたい》のための故《ゆえ》に衆生所《しゅじょうしょ》有《う》なしと説《と》く。また二種《にしゅ》あり、名字《みょうじ》の相《そう》を知《し》るあり、名字《みょうじ》の相《そう》を知《し》らざるあり。譬《たと》えば軍《ぐん》の密号《みつごう》を立《た》つるに、知《し》る者《もの》あり、知《し》らざる者《もの》あるがごとし。また二種《にしゅ》あり。初習《しょしゅう》行《ぎょう》あり、

(115) 大智度論＝巻三八（大正蔵二五・三三六中）の文。

たばかり（初習行《しょしゅうぎょう》）の人と、久しく学び修行《しゅぎょう》している（久習行《くじゅうぎょう》）人とがある。また、何かに執着《しゅうぢゃく》する者（着者《ぢゃくしゃ》）と執着しない者（不着者《ふぢゃくしゃ》）とがあり、あるいは、他の人の真意を理解する者（知他意者《ちたいしゃ》）と理解しない者（不知他意者《ふちたいしゃ》）とがある。〈言語を用いながらも言葉の差別《しゃべつ》・相違などにとらわれて、勝手な解釈をする。〉このような、名字《みょうじ》の意味を知らない人や学びはじめたばかりの人、また執着《しゅうぢゃく》しやすい人や他の人の言葉の真意を理解しない者のために、真実そのものの世界(第一義諦《だいいちぎたい》)には、衆生《しゅじょう》なしと説き、名字の意味を知る人や久しく修行を積んでいる者、また執着しない者や他の人の真意を知ることのできる者のためには、真実そのものの世界には衆生ありと説くのである。」と。

喩《さと》していいます。はじめに説く二諦《にたい》の解釈は、常識的な理解と同じです。後に説く二諦の説明では、八種類の人びとが示されています。名字《みょうじ》の意味を知らない者など四人のためには、真実のさとり（真諦《しんだい》）の中には仏《ほとけ》もなく衆生《しゅじょう》もないと説きます。後の四人のためには、真実のさとりの中には仏もあり衆生もあると説い久習行《くじゅうぎょう》あり、著者《ぢゃくしゃ》あり、不著者《ふぢゃくしゃ》あり、知他《ちた》意《い》あり、不知他意《ふちたい》の者《もの》あり。（言辞ありといえども、その奇言を知ってもって自ら理を宣ぶ。）不知名字相《ふちみょうじそう》・初習行《しょしゅうぎょう》・著者《ぢゃくしゃ》・不知他《ふちた》意《い》の者《もの》のための故《ゆえ》に衆生《しゅじょう》なしと説《と》き、知名《ちみょう》字相《じそう》・久習行《くじゅうぎょう》・不著《ふぢゃく》・知他意《ちたい》の者《もの》のための故《ゆえ》に説《と》いて衆生《しゅじょう》ありという」と。

　喩《ゆ》していわく、初重《しょじゅう》の二諦《にたい》は常《つね》の談《だん》と同《おな》じ。次《つぎ》の二諦《にたい》に八種《はっしゅ》の人《にん》あり。不知名字相《ふちみょうじそう》等《とう》の四人《よにん》のために、真諦《しんたい》の中《なか》に仏《ほとけ》なし衆生《しゅじょう》なしと説《と》く。後《のち》の四人《よにん》のためのゆえに、真《しん》諦《たい》の中《なか》に仏《ほとけ》あり衆生《しゅじょう》ありと説《と》く。

ています。このことをよく味わい考えて下さい。いわゆる密号名字《みつごうみょうじ》の相《そう》などの意味は、真言《しんごん》の教えの中にあきらかに説かれています。ですから、『菩提場所説一字《ぼだいじょうしょせついちじ》頂輪王経《ちょうりんのうぎょう》』(116)の第三巻には、仏の種々の名号《みょうごう》について次のように説かれるのです。

「文殊菩薩《もんじゅぼさつ》は仏《ほとけ》に申し上げて、世尊《せそん》はいくつのお名前（名号《みょうごう》）で、世界において教えをひろめられるのか、と問うた。仏が言われることには、いわゆる帝釈《たいしゃく》と名づけ、梵王《ぼんのう》と名づけ、大自在《だいじざい》と名づけ、自然《じねん》と名づけ、地《ち》と名づけ、寂静《じゃくじょう》と名づけ、涅槃《ねはん》と名づけ、天《てん》と名づけ、阿蘇羅《あそら》と名づけ、空《くう》と名づけ、勝《しょう》と名づけ、義《ぎ》と名づけ、不実《ふじつ》と名づけ、三摩地《さんまち》と名づけ、悲者《ひしゃ》と名づけ、慈《じ》と名づけ、水天《すいてん》と名づけ、龍《りゅう》と名づけ、薬叉《やしゃ》と名づけ、仙《せん》と名づけ、三界主《さんがいしゅ》と名づけ、光《こう》と名づけ、火《か》と名づけ、鬼主《きしゅ》と名づけ、有《う》と名づけ、不有《ふう》と名づけ、分別《ふんべつ》と名づけ、無分別《むふんべつ》と名づけ、蘇弥盧《そみろ》と名づけ、金剛《こんごう》と名づけ、常《じょう》と名づけ、無常《むじょう》と名づけ、真言《しんごん》と名づけ、大真言《だいしんごん》と名づけ、海《かい》と名づけ、大海《だいかい》と名づけ、日《にち》と名づけ、月《がち》と名づけ、雲《うん》と名づけ、大雲《だいうん》と名づけ、人主《にんしゅ》と名づけ、大人主《だいにんしゅ》と名づけ、龍象《りゅうぞう》と名づけ、阿羅漢《あらかん》審《つまびらか》にこれを思《おも》え。いわゆる密号名字相等《みつごうみょうじそうとう》の義《ぎ》は、真言教《しんごんきょう》の中《なか》に分明《ふんみょう》にこれを説《と》けり。

故《ゆえ》に『菩提場経《ぼだいじょうきょう》』にいわく、「文殊《もんじゅ》、仏《ほとけ》にもうしてもうさく、世尊幾所《せそんいくばく》の名号《みょうごう》をもってか世界《せかい》において転《てん》じたもう。仏《ほとけ》ののたまわく、いわゆる帝釈《たいしゃく》と名《な》づけ、梵王《ぼんのう》と名《な》づけ、大自在《だいじざい》と名《な》づけ、自然《じねん》と名《な》づけ、地《ち》と名《な》づけ、寂静《じゃくじょう》と名《な》づけ、涅槃《ねはん》と名《な》づけ、天《てん》と名《な》づけ、阿蘇羅《あそら》と名《な》づけ、空《くう》と名《な》づけ、勝《しょう》と名《な》づけ、義《ぎ》と名《な》づけ、不実《ふじつ》と名《な》づけ、三摩地《さんまち》と名《な》づけ、悲者《ひしゃ》と名《な》づけ、慈《じ》と名《な》づけ、水天《すいてん》と名《な》づけ、龍《りゅう》と名《な》づけ、薬叉《やしゃ》と名《な》づけ、仙《せん》と名《な》づけ、三界主《さんがいしゅ》と名《な》づけ、光《こう》と名《な》づけ、火《か》と名《な》づけ、鬼主《きしゅ》と名《な》づけ、有《う》と名《な》づけ、不有《ふう》と名《な》づけ、分別《ふんべつ》と名《な》づけ、無分別《むふんべつ》と名《な》づけ、蘇弥盧《そみろ》と名《な》づけ、金剛《こんごう》と名《な》づけ、常《じょう》と名《な》づけ、無常《むじょう》と名《な》づけ、真言《しんごん》と名《な》づけ、大真言《だいしんごん》と名《な》づけ、海《かい》と名《な》づけ、大海《だいかい》と名《な》づけ、日《にち》と名《な》づけ、月《がち》と名《な》づけ、雲《うん》と名《な》づけ、大雲《だいうん》と名《な》づけ、人主《にんしゅ》と名《な》づけ、大人主《だいにんしゅ》と名《な》づけ、龍象《りゅうぞう》と名《な》づけ、

(116)　菩提場所説一字頂輪王経＝不空訳。『菩提場経』ともいう。全五巻のうち巻三（大正蔵一九・二〇七中）の文。仏名を二百十種類説くなかから一部を紹介している。仏の無限の力を有限な世界で発揮するときにつけられた種々相の名号をあげる。

あるいは害煩悩《がいぼんのう》と名づけ、非異《ひい》と名づけ、非不異《ひふい》と名づけ、命《みょう》と名づけ、非命《ひみょう》と名づけ、山《せん》と名づけ、大山《だいせん》と名づけ、不滅《ふめつ》と名づけ、不生《ふしょう》と名づけ、真如《しんにょ》と名づけ、真如性《しんにょしょう》と名づけ、実際《じつざい》と名づけ、実際性《じつざいしょう》と名づけ、法界《ほっかい》と名づけ、実《じつ》と名づけ、無二《むに》と名づけ、有相《うそう》と名づける。

文殊師利《もんじゅしり》よ、私はこの世界においてあらゆる名号《みょうごう》[117]をすべて如来《にょらい》の名として成就《じょうじゅ》し、もろもろの衆生《しゅじょう》を教え導いてこれを成就した。如来は意図的なはたらきはないが、限りなく多くの種類の真実の姿や功徳《くどく》の力（真言色力《しんごんしきりき》）を具体的にあらわして、教えをひろめるのである。」と。

(二)　釈摩訶衍論に見る果分可説

龍樹《りゅうじゅ》の『釈摩訶衍論《しゃくまかえんろん》』[118]の第二巻に次のように説かれています。

「言葉には五つの種類があり、名字《みょうじ》には二つの種類があり、心のはからいには十の種類がある。経典《きょうてん》にその異説があるためである。論じて言う。言葉には五つの阿羅漢害煩悩《あらかんがいぼんのう》と名《な》づけ、非異《ひい》と名《な》づけ、非《ひ》不異《ふい》と名《な》づけ、命《みょう》と名《な》づけ、非命《ひみょう》と名《な》づけ、山《せん》と名《な》づけ、大山《だいせん》と名《な》づけ、不滅《ふめつ》と名《な》づけ、不生《ふしょう》と名《な》づけ、真如《しんにょ》と名《な》づけ、真如性《しんにょしょう》と名《な》づけ、実際《じつざい》と名《な》づけ、実際性《じつざいしょう》と名《な》づけ、法《ほっ》界《かい》と名《な》づけ、実《じつ》と名《な》づけ、無二《むに》と名《な》づけ、有相《うそう》と名《な》づく。文殊師利《もんじゅしり》、われこの世界《せかい》において五阿僧祇百千《ごあそうぎひゃくせん》の名号《みょうごう》を成就《じょうじゅ》し、諸《もろもろ》の衆生《しゅじょう》を調伏《ちょうぶく》して成就《じょうじゅ》せり。如来《にょらい》は功用《くゆう》なけれども無量種《むりょうしゅ》の真言色力《しんごんしきりき》の事相《じそう》をもって転《てん》じたもう」と。

　龍樹《りゅうじゅ》の『釈大衍論《しゃくだいえんろん》』にいわく、「言説《ごんぜつ》に五《ご》種《しゅ》あり、名字《みょうじ》に二種《にしゅ》あり。心量《しんりょう》に十種《じゅっしゅ》あり、契《かい》経異説《きょういせつ》の故《ゆえ》に。論《ろん》じていわく、言説《ごんぜつ》に五《ご》あり。

(117)　あらゆる名号＝五阿僧祇百千の名号。五智如来の一切のはたらきをいう。

(118)　釈摩訶衍論巻二（大正蔵三二・六〇五下）の所説。

種類があるというが、どのように五つとするのか。一には相言説《そうごんぜつ》、二には夢言説《むごんぜつ》、三には妄執言説《もうじゅうごんぜつ》、四には無始言説《むしごんぜつ》、五には如義言説《にょぎごんぜつ》である。『入楞伽経《にゅうりょうがきょう》』(119)第三巻に次のように説かれている。大慧《だいえ》よ、相言説《そうごんぜつ》とはいわゆる現象世界のいろいろなもの（色《しき》等）の相《そう》に執着《しゅうちゃく》することから生じる。大慧よ、夢言説とは、経験世界の中の虚妄の境界を思い続けて夢を見、目覚めてから、それが事実ではないと知りながら、なお生じる。大慧よ、執着言説《しゅうちゃくごんぜつ》とは、過去の体験を思うことで生じる。大恵よ、無始言説とは、限りなく大昔から無意味な議論にとらわれてきたことから、煩悩《ぼんのう》の種子《しゅうじ》に影響が残り続けて生じるのである。

また『金剛三昧経《こんごうさんまいきょう》』(120)の中には、次のような説がある。舎利弗《しゃりほつ》の申し上げるには、一切の教法はみなすべて言語的表現（言文《ごんもん》）によっている。言語的表現の相《そう》自体はそのまま真実とすることはできない。真実そのものは言語的に表現することができないのである。いま、如来《にょらい》はどのように真実を説こうとされるのか、と。仏《ほとけ》の言われることには、私の説法《せっぽう》とは、あなたや衆生《しゅじょう》が現世《げんぜ》（在生《ざいしょう》）の説きかたで云何《いかんが》五《ご》となす。一《いち》には相言説《そうごんぜつ》、二《に》には夢《む》言説《ごんぜつ》、三《さん》には妄執言説《もうじゅうごんぜつ》、四《し》には無始言説《むしごんぜつ》、五《ご》には如義言説《にょぎごんぜつ》なり。

『楞伽契経《りょうがかいきょう》』の中《なか》にかくのごとくの説《せつ》をなす。大慧《だいえ》、相言説《そうごんぜつ》とは、いわゆる色等《しきとう》の諸相《しょそう》に執着《しゅうちゃく》してしかも生《しょう》ず。大慧《だいえ》、夢言説《むごんぜつ》とは、本受用虚妄《ほんじゅゆうこもう》の境界《きょうがい》を念《ねん》じて、境界《きょうがい》によって夢《ゆめ》み、覚《さ》めおわって虚妄《こもう》の境界《きょうがい》によって不実《ふじつ》なりと知《し》ってしかも生《しょう》ず。大慧《だいえ》、執着言説《しゅうちゃくごんぜつ》とは、本所聞所作《ほんしょもんしょさ》の業《ごう》を念《ねん》じてしかも生《しょう》ず。大慧《だいえ》、無始言説《むしごんぜつ》とは、無始《むし》よりこのかた戯論《けろん》に執着《しゅうちゃく》して煩悩《ぼんのう》の種子薫習《しゅうじくんじゅう》してしかも生《しょう》ず。

『三昧契経《さんまいかいきょう》』の中《なか》にかくのごとくの説《せつ》をなす。舎利弗《しゃりほつ》の言《もう》さく、一切《いっさい》の万法《ばんぽう》はみなことごとく言文《ごんもん》なり、言文《ごんもん》の相《そう》はすなわち義《ぎ》とするにあらず、如実《にょじつ》の義《ぎ》は言説《ごんぜつ》すべからず、いま如来云何《にょらいいかん》が説法《せっぽう》したもう。仏《ほとけ》ののたまわく、我《わ》が説法《せっぽう》とは、汝衆生《なんじしゅじょう》は生《しょう》に在《あ》って説《と》くを

（119）　入楞伽経＝菩提流支訳、全十巻（大正蔵一六・五三〇下）の所説。

（120）　金剛三昧経＝大正蔵九・三七一上の所説。

は真実を説くことができないとするのに対して、だからこそ私は説くのである。私の説法《せっぽう》は真実の意義を示すものであり、相対的表現（文《もん》）ではない。衆生の説とは相対的な言葉（文語《もんご》）によるもので、真実の意義を示すものではない。真実の意義を示す語（義語《ぎご》）ではないものは、みなことごとく空虚《くうきょ》であり無《む》に等しい。空虚で無に等しい言葉では、真実の意義を表現することができない。真実の意義を表現できないものは、すべて偽《いつわ》りを語るもの（妄語《もうご》）である。これに対し如義語《にょぎご》というのは、真実の空《くう》であり、相対的表現による空ではない。空とか有《う》とかいう真実であり、相対的表現による実《じつ》ではない。空とか有という偏《かたよ》った二つの基準（二相《にそう》）を離れ、またその中間という偏った基準にもあたらない（不中《ふちゅう》）。真実の中《ちゅう》（不中之法《ふちゅうのほう》）はまさに空とか有とか中という三つの基準（三相《さんそう》）を離れている。どこという一定のところを示すわけではなく、ただ真実そのものの境界《きょうがい》（如如《にょにょ》）をそのままに説く（如説《にょせつ》）ものだからである。このような五種類の言葉の中で、前の四種類の言葉は虚偽《きょぎ》の言葉であるから、真実を表現することができない。後の一つの言葉もっての故《ゆえ》に不可説《ふかせつ》と説《と》く。この故《ゆえ》にこれを説《と》く。我《わ》が所説《しょせつ》とは義語《ぎご》にして文《もん》にあらず、衆生《しゅじょう》の説《せつ》とは文語《もんご》にして義《ぎ》にあらず、義語《ぎご》にあらざる者《もの》はみなことごとく空無《くうむ》なり。空無《くうむ》の言《ごん》は義《ぎ》を言《い》うことなし、義《ぎ》を言《い》わざる者《もの》はみなこれ妄語《もうご》なり。如義語《にょぎご》とは実空《じっくう》にして不空《ふくう》なり。空実《くうじつ》にして不実《ふじつ》なり、二相《にそう》を離《はな》れて中間《ちゅうげん》にも中《あた》らず、不中《ふちゅう》の法《ほう》は三相《さんそう》を離《はな》れたり。処所《しょしょ》を見《み》ず、如如説《にょにょにょせつ》の故《ゆえ》に。かくのごとくの五《ご》が中《なか》に、前《さき》の四《し》の言説《ごんぜつ》は虚妄《こもう》の説《せつ》なるが故《ゆえ》に真《しん》を談《だん》ずること能《あた》わず。後《のち》の一《いち》の言説《ごんぜつ》はである如義言説《にょぎごんぜつ》は、真実をそのままに説くので、真実の理法《りほう》を表現することが可能である。馬鳴菩薩《めみょうぼさつ》は『大乗起信論《だいじょうきしんろん》』で、前の四種類だけを言説《ごんぜつ》として説くので、すべては言説の相《そう》を離れていると言われたのである。

心のはからいには十種類がある。どのように十種類とするのか。一には眼識心《げんしきしん》、二には耳識心《にしきしん》、三には鼻識心《びしきしん》、四には舌識心《ぜつしきしん》、五には身識心《しんしきしん》、六には意識心《いしきしん》、七には末那識心《まなしきしん》[121]、八には阿梨耶識心《ありやしきしん》[122]、九には多一識心《たいつしきしん》[123]、十には一一識心《いついつしきしん》[124]である。このような十種の心のはからいのうち、初めの九種類の心は真実の理法を考慮することができない。後の一種類の心は真実の理を思慮し、しかもこれを自らの境界とすることができる。いま『大乗起信論《だいじょうきしんろん》』では前の九種類だけを心として説くので、真実のさとりの境界《きょうがい》は、心《しん》の縁《えん》ずる相《そう》を離れていると言われたのである。」と。

喩《さと》していいます。五種類の言葉や十種類の心のはからいについてとりあげて、それらが真実のさとりの境界《きょうがい》から離れているとか、離れていないなどということの意味は、この『釈摩訶衍論《しゃくまかえんろん》』に明らかに説かれています。顕教《けんぎょう》の智者《ちしゃ》は、この如実《にょじつ》の説《せつ》なるが故《ゆえ》に真理《しんり》を談《だん》ずることを得《う》。馬鳴菩薩《めみょうぼさつ》は前《さき》の四《し》によるが故《ゆえ》に、かくのごとくの説《せつ》をなして離言説相《りごんぜつそう》という。心量《しんりょう》に十《じゅう》あり、云何《いかん》が十《じゅう》となすや。一《いち》には眼識心《げんしきしん》、二《に》には耳識心《にしきしん》、三《さん》には鼻識心《びしきしん》、四《し》には舌識《ぜつしき》心《しん》、五《ご》には身識心《しんしきしん》、六《ろく》には意識心《いしきしん》、七《しち》には末那識心《まなしきしん》、八《はち》には阿梨耶識心《ありやしきしん》、九《く》には多一《たいつ》識心《しきしん》、十《じゅう》には一一識心《いついつしきしん》なり。かくのごとくの十《じゅう》が中《なか》に、初《はじめ》の九種《きゅうしゅ》の心《しん》は真理《しんり》を縁《えん》ぜず。後《のち》の一種《いっしゅ》の心《しん》は真理《しんり》を縁《えん》じてしかも境界《きょうがい》となすことを得《う》。今前《いまさき》の九《く》によってかくのごとくの説《せつ》をなして離心縁相《りしんえんそう》という」と。

喩《ゆ》していわく、言語《ごんご》・心量等《しんりょうとう》の離《り》・不離《ふり》の義《ぎ》は、この論《ろん》に明《あきら》かに説《と》けり。顕教《けんぎょう》の智者《ちしゃ》

（121） 末那識心＝第七識。染汚意《ぜんまい》ともいう。我痴・我見・我慢・我愛の四煩悩の源であり我執を生ずる。

（122） 阿梨耶識心＝第八識。阿頼耶識《あらやしき》・蔵識《ぞうしき》・異熟識《いじゅくしき》・一切種子識《いっさいしゅうじしき》ともいう。意識の根源。唯識説では第八識までを説いている。

（123） 多一識心＝現象界の生滅差別を知覚する智をいう。

（124） 一一識心＝平等一如の真実の理を会得する根本智で、真如門に属する。

ことを詳しく知りつくして自らの迷いを解かれるように。

㈢　菩提心論に見る即身成仏

『金剛頂発菩提心論《こんごうちょうほつぼだいしんろん》』(125)には、次のように説かれています。

「諸々の仏《ぶつ》や菩薩《ぼさつ》は、むかし修行《しゅぎょう》中（因地《いんち》）にあって、さとりを求める心を発《おこ》して後に、さとりを求め続けること（勝義《しょうぎ》）と、他者の幸せを願うこと（行願《ぎょうがん》）と、心を仏の境界に一致させること（三摩地《さんまぢ》）(126)を、戒《いましめ》とした。そしてさとりに到るまで、しばらくも忘れたことはなかった。ただ真言《しんごん》の教法の中でだけ、即身《そくしん》に成仏《じょうぶつ》することができるのであるから、真言密教《しんごんみっきょう》の特別な教法である三摩地の法《ほう》を説明する。これは、もろもろの教えの中には欠落していて、書き残されていないことである。」と。

喩《さと》していいます。この『金剛頂発菩提心論《こんごうちょうほつぼだいしんろん》』は、大聖《だいしょう》と仰がれる龍樹菩薩《りゅうじゅぼさつ》のつくられた千部の論書《ろんじょ》の中でも、とくに密教《みっきょう》の肝心の論を説いておられます。です詳《つまびらか》んじて迷《めい》を解《と》け。

『金剛頂発菩提心論《こんごうちょうほつぼだいしんろん》』にいわく、「諸仏菩《しょぶつぼ》薩《さつ》、昔因地《むかしいんぢ》に在《いま》して、この心《しん》を発《おこ》しおわって勝義《しょうぎ》・行願《ぎょうがん》・三摩地《さんまぢ》を戒《かい》となす。乃《いま》し成《じょう》仏《ぶつ》に至《いた》るまで時《とき》として暫《しばら》くも忘《わす》るることなし。惟真言法《ただしんごんほう》の中《なか》にのみ即身成仏《そくしんじょうぶつ》するが故《ゆえ》に、これ三摩地《さんまぢ》の法《ほう》を説《と》く。諸教《しょきょう》の中《なか》において闕《けつ》して書《しょ》せず」と。

喩《ゆ》していわく、この論《ろん》は龍樹大聖所造《りゅうじゅだいしょうしょぞう》の千部《せんぶ》の論《ろん》の中《なか》の密蔵《みつぞう》の肝心《かんじん》の論《ろん》なり。

（125）　金剛頂発菩提心論＝不空訳『金剛頂瑜伽中発阿耨多羅三藐三菩提心論』（大正蔵三二・五七二下）の所説。

（126）　三摩地＝勝義・行願・三摩地をとくに三菩提心という。

から、顕教《けんぎょう》と密教《みっきょう》という二教の差異・区別や浅深の相違、およびさとりに到るまでの遅速や勝劣について、みなこの中に説かれているのです。この論の諸々の教えとは、他者に法を受用《じゅゆう》させるための仏身《ぶっしん》（他受用身《たじゅゆうしん》）および他者を仏法《ぶっぽう》に導くために変化してあらわれる仏身《ぶっしん》（変化身《へんげしん》）などが説かれた教法である顕教をいいます。また三摩地《さんまち》の法《ほう》を説くとは、真実そのものを自らの本性とする仏身（自性《じしょう》法身《ほっしん》）が説かれる、秘密真言《ひみつしんごん》の三摩地の教えのことです。いわゆる『金剛頂《こんごうちょう》』十万頌《じゅ》の経《きょう》などが、この教えにあたるのです。

この故《ゆえ》に顕密二教《けんみつにきょう》の差別《しゃべつ》・浅深《せんじん》、および成仏《じょうぶつ》の遅速《ちそく》・勝劣《しょうれつ》、みなこの中《なか》に説《と》けり。いわく諸教《しょきょう》とは、他受用身《たじゅゆうしん》および変化身等所説《へんげしんとうしょせつ》の法《ほう》の諸《もろもろ》の顕教《けんぎょう》なり。これに説《と》く三摩地《さんまぢ》の法《ほう》とは、自性法身所説《じしょうほっしんしょせつ》の秘密真言三摩地門《ひみつしんごんさんまぢもん》これなり。いわゆる『金剛頂《こんごうちょう》』十万頌《じゅうまんじゅ》の経等《きょうとう》これなり。

金銅密教法具

現代語訳『辯顕密二教論《べんけんみつにきょうろん》』　巻下

㈣　六波羅蜜経に見る勝絶な教法

『大乗理趣六波羅蜜多経《だいじょうりしゅろくはらみったきょう》』(127)の第一巻に次のように説かれています。

「衆生が本来そなえている仏性《ぶっしょう》、すなわち法宝《ほうぼう》は、本質的につねに清浄《しょうじょう》（自性清浄《じしょうしょう》）である。諸仏・世尊はそのように説いておられる。それが他から付着する塵のような煩悩に覆われるのは、ちょうど雲が、日の光をさえぎり、かげるようなものである。本来、無垢で清浄な法宝は、たくさんの徳をそなえ、常《じょう》・楽《らく》・我《が》・浄《じょう》を完全に満たしている。この法の清浄なる本性を、どのように求めればよいのであろうか。分析や理論などという分別《ふんべつ》そのものを離れたさとりの智慧(無分別智《むふんべつち》)だけが、よく証《さと》りうるのである。

この法宝には三種類があり、第一の法宝とは、仏の智慧（摩訶般若《まかはんにゃ》）と、一切の束縛からの解脱と、法そのものの実現（法身《ほっしん》）の三つの徳である。第二の法宝とは、修行の根本である戒《かい》と禅定《ぜんじょう》と智慧《ちえ》を保ち続けることによる妙《たえ》なる諸々の功徳《くどく》で、これらは、さとりへの三十七項目に分類された修行方法（三十七菩提分法《ぼだいぶんぼう》）(128)

『六波羅蜜経《ろくはらみっきょう》』の第一《だいいち》にいわく、

「法宝《ほうぼう》は自性《じしょう》恒《つね》に清浄《しょうじょう》なり、諸仏《しょぶつ》世尊《せそん》かくのごとく説《と》きたもう。

客塵煩悩《かくじんぼんのう》に覆《おお》わること、雲《くも》のよく日《ひ》の光明《こうみょう》を翳《かく》すがごとし。

無垢《むく》の法宝《ほうぼう》は衆徳《しゅうとく》を備《そな》えて、常《じょう》・楽《らく》・我《が》・浄《じょう》ことごとく円満《えんまん》せり。

法性《ほっしょう》の清浄《しょうじょう》なるをば云何《いかん》が求《もと》めん、無分別智《むふんべつち》のみしかもよく証《しょう》す。

第一《だいいち》の法宝《ほうぼう》とは、すなわちこれ摩訶般若《まかはんにゃ》解脱法身《げだつほっしん》なり。第二《だいに》の法宝《ほうぼう》といっぱ、いわく戒《かい》・定《じょう》・智慧《ちえ》の諸《もろもろ》の妙功徳《みょうくどく》なり。いわゆる、三十七菩提分法《さんじゅうしちぼだいぶんぼう》なり。

（127）　大乗理趣六波羅蜜多経＝般若訳、全十巻中、巻一（大正蔵八・八六八中）の所説。

（128）　三十七菩提分法＝菩提のために行うべき徳であり、四念処（四念住）・四正勤（四正断）・四如意足（四神足）・五根・五力・七覚支・八正道をいう。三十七道品・三十七覚分・三十七覚支ともいう。

による。この修行方法の実行によって、清浄《しょうじょう》なる法身を自《みずか》らの身に実現することができるのである。第三の法宝とは、過去の諸仏が説かれた無量の正法《しょうぼう》と、私（釈《しゃ》迦牟尼《かむに》）がいま説く法とである。いわゆる八万四千《はちまんしせん》と言われる素晴しい諸々の法の蘊《あつまり》であり、これらは、仏法と縁のあるすべての衆生を導きととのえ（調伏《ちょうぶく》）、さとりを成就《じょうじゅ》させる。しかも、アーナンダ（阿難陀《あなんだ》）らなどの諸々の大弟子の耳にひとたびこれを聞かせ、みなことごとく記憶させるようにしたのである。これらの法を摂《おさ》めまとめて五つに分類すると、一には経（素怛纜《そたらん》）[129]、二には律（毘奈耶《びなや》）[130]、三には論（阿毗達磨《あびだつま》）[131]、四には大乗（般若波羅蜜多《はんにゃはらみった》）[132]、五には総持《そうじ》（陀羅尼《だらに》）[133]の法門である。この五種の教えで衆生を導き（教化《きょうけ》）、相手の状況に対応してこれらの教えを説き分けるのである。もし衆生のなかで、山林に住処をえらび常に閑寂な生活をして、心を静め深い安定（静慮《じょうりょ》）を保つよう修行したいと願う者があれば、彼のために経蔵（素怛纜蔵）を説く。もし衆生のなかで、正しいふるまい（威儀《いぎ》）[134]を習って正法《しょうぼう》を護《まも》り持《たも》ち、他の人びととも心を合わせて（一味和合《いちみわごう》）正法を永久乃至《ないし》、この法《ほう》を修《しゅ》するをもってしかもよくかの清浄法身《しょうじょうほっしん》を証《しょう》す。第三《だいさん》の法宝《ほうぼう》といっぱ、いわゆる過去無量《かこむりょう》の諸仏所説《しょぶつしょせつ》の正法《しょうぼう》と、およびわが今《いま》の所説《しょせつ》となり。いわゆる八万《はちまん》四《し》千《せん》の諸《もろもろ》の妙法蘊《みょうほううん》なり。乃至《ないし》、有縁《うえん》の衆生《しゅじょう》を調伏《ちょうぶく》し純熟《じゅんじゅく》す。しかも阿難陀《あなんだ》等《とう》の諸《もろもろ》の大弟《だいで》子《し》をして一《ひと》たび耳《みみ》に聞《き》きみなことごとく憶《おく》持《ち》せしむ。摂《せっ》して五分《ごぶん》と為《な》す。一《いち》に素怛纜《そたらん》、二《に》には毘奈耶《びなや》、三《さん》には阿毘達磨《あびだつま》、四《し》には般《はん》若波羅蜜多《にゃはらみった》、五《ご》には陀羅尼門《だらにもん》なり。この五《ご》種《しゅ》の蔵《ぞう》をもって有情《うじょう》を教化《きょうけ》し、度《ど》すべきところにしたがってしかもためにこれを説《と》く。もしかの有情《うじょう》、山林《せんりん》に処《しょ》し、常《つね》に閑寂《かんじゃく》に居《こ》して静慮《じょうりょ》を修《しゅ》せんと楽《ねご》うには、しかも彼《かれ》がために素怛纜蔵《そたらんぞう》を説《と》く。もしかの有情《うじょう》、威儀《いぎ》を習《なろ》うて正法《しょうぼう》を護持《ごぢ》し、一味和合《いちみわごう》にして久住《くじゅう》することを

（129）　素怛纜＝契経、経蔵、仏説の経典。Sūtra《スートラ》の音写。修多羅ともいう。

（130）　毘奈耶＝調伏、律蔵、僧団の規律。Vinaya《ヴィナヤ》の音写。

（131）　阿毘達磨＝対法、部派仏教時代の論書、論蔵。Abhidharma《アビダルマ》の音写。

（132）　般若波羅蜜多＝智慧、さとりの智。初期大乗経典。Prajñā-pāramitā《プラジュニャー・パーラミター》の音写。

（133）　陀羅尼＝総持、能持。ここでは密教経典をさす。Dhāraṇī《ダーラニー》の音写。

（134）　威儀＝戒律の別名。

に守り続けようと願う者があれば、彼のために律蔵（毘奈耶蔵《びなやぞう》）を説く。もし衆生のなかで、正法を説いて一切の本質（性）と形態（相）をあきらかに分け区別（分別）して、問答により研究を重ね調べ（循環研覈《じゅんかんけんかく》）[135]、深い真実をきわめようと願う者があれば、彼のために論蔵（阿毘達磨蔵《あびだつまぞう》）を説く。もし衆生のなかで、大乗の真実の智慧を習い修めて、自我と法《もの》への執われた認識を離れようと願う者があれば、彼のために大乗の教え（般若波羅蜜多蔵）を説く。もし衆生のなかで、経（契経《かいきょう》）も律（調伏《ちょうぶく》）も論（対法《たいほう》）も大乗の教え（般若）も受持《じゅぢ》することができず、あるいはまた、諸々の悪業《あくごう》の四重罪《しじゅうざい》[136]・八重罪《はちじゅうざい》[137]・五無間罪《ごむけんざい》[138]を犯す者や、大乗の教え（方等経《ほうどうきょう》）[139]を誹謗《ひぼう》する者、そして仏性《ぶっしょう》が無いとされる者（一闡提《いっせんだい》）[140]などが造った種々の重罪の消滅を可能にさせ、すみやかに解脱し即座に悟って（頓悟《とんご》）涅槃に到達させるためには、彼のために諸々の陀羅尼《だらに》蔵を説くのである。

この五つの法蔵《ほうぞう》は、譬えば乳《にゅう》・酪《らく》・生蘇《しょうそ》・熟蘇《じゅくそ》・妙醍醐《みょうだいご》[141]の味わいの差のようなものである。経（契経《かいきょう》）は乳《にゅう》のごとく、律《りつ》（調伏《ちょうぶく》）は酪《らく》のごとく、論《ろん》（対法教《たいほうきょう》）

得《え》しめんと楽《ねご》うには、しかも彼《かれ》がために毘《び》奈耶蔵《なやぞう》を説《と》く。もしかの有情《うじょう》、正法《しょうぼう》を説《と》いて性相《しょうそう》を分別《ふんべつ》し、循環研覈《じゅんかんけんかく》して甚深《じんじん》を究竟《くきょう》せんと楽《ねご》うには、しかも彼《かれ》がために阿毘達《あびだつ》磨蔵《まぞう》を説《と》く。もしかの有情《うじょう》、大乗真実《だいじょうしんじつ》の智《ち》慧《え》を習《なら》って我法執着《がほうしゅうぢゃく》の分別《ふんべつ》を離《はな》れんと楽《ねご》うには、しかも彼《かれ》がために般若波羅蜜多蔵《はんにゃはらみったぞう》を説《と》く。もしかの有情《うじょう》、契経《かいきょう》・調伏《ちょうぶく》・対法《たいほう》・般若《はんにゃ》を受持《じゅぢ》すること能《あた》わず、あるいはまた有情《うじょう》、もろもろの悪業《あくごう》の四重《しじゅう》・八重《はちじゅう》・五無《ごむ》間罪《けんざい》・謗方等経《ぼうほうどうきょう》・一闡提等《いっせんだいとう》の種々《しゅじゅ》の重罪《じゅうざい》を造《つく》れるを鎖滅《しょうめつ》することを得《え》せしめ、速疾《そくしつ》に解脱《げだつ》し頓悟涅槃《とんごねはん》すべきには、しかも彼《かれ》がために諸《もろもろ》の陀羅尼蔵《だらにぞう》を説《と》く。

この五法蔵《ごほうぞう》は、譬《たと》えば乳《にゅう》・酪《らく》・生蘇《しょうそ》・熟蘇《じゅくそ》および妙醍醐《みょうだいご》のごとし。契経《かいきょう》は乳《にゅう》のごとく、調伏《ちょうぶく》は酪《らく》のごとく、対法教《たいほうきょう》は

(135) 循環研覈＝問答を重ねて研究すること。

(136) 四重罪＝比丘の戒で、殺生・偸盗・邪婬・妄語の四つ。

(137) 八重罪＝八敬法ともいう。比丘尼の戒で、四重罪に摩触重境・八事成重・覆蔵他重罪・随順被挙比丘の四つを加える。

(138) 五無間罪＝五逆罪ともいう。父を殺す、母を殺す、阿羅漢を殺す、仏身より血を出す、和合僧を破るの五つは、無間地獄の苦しみを受ける罪業である。

(139) 方等経＝大乗の教義を説く経。

は生蘇《しょうそ》のごとく、大乗《だいじょう》の般若《はんにゃ》の教えは同様に熟蘇《じゅくそ》のごとく、陀羅尼《だらに》の教え(総持門《そうじもん》)は譬えば醍醐《だいご》のごとくである。醍醐の味は、乳・酪・蘇の中でいちばん微妙《みみょう》な味わいをもち、よく諸々の病気を治し除き、諸々の衆生の身も心も安楽にする。陀《だ》羅尼《らに》の教え(総持門《そうじもん》)は、契経など五つの法蔵の中で最も第一である。それはよく重罪を除き、諸々の衆生に生死を解脱させ、速やかに涅槃の安楽な境界を実現して、法そのものを身とするさとりに到達させる教えである。

また次にマイトレーヤ(慈氏《じし》・弥勒《みろく》)よ、私が入滅した後には、アーナンダ(阿《あ》難陀《なんだ》)に説法の中の経(素怛纜蔵《そたらんぞう》)を受持《じゅぢ》させ、かのウパーリ(鄔波離《うぱり》)に説法の中の律(毗奈耶蔵《びなやぞう》)を受持《じゅぢ》させ、カーティヤーヤナ(迦多衍那《かたえんな》)に説法の中の論(阿毗達磨蔵《あびだつまぞう》)を受持させ、マンジュシュリー(曼殊室利菩薩《まんじゅしり》)に説法の中の大乗の般若波羅蜜多《はんにゃはらみった》を受持させ、ヴァジュラパーニ(金剛手菩薩《こんごうしゅ》)に説法の中の非常に深く微妙な諸々の総持門を受持させるのである。」と。

喩《さと》していいます。いまこの経文《もん》によれば、仏は五味を五つの教え(蔵)に配当かの生蘇《しょうそ》のごとく、大乗般若《だいじょうはんにゃ》はなお熟蘇《じゅくそ》のごとく、総持門《そうじもん》は譬《たと》えば醍醐《だいご》のごとし。醍《だい》醐《ご》の味《あじ》は、乳《にゅう》・酪《らく》・蘇《そ》の中《なか》に微妙第一《みみょうだいいち》にして、よく諸病《しょびょう》を除《のぞ》き、諸《もろもろ》の有情《うじょう》をして身心《しんじん》安楽《あんらく》ならしむ。総持門《そうじもん》は、契経等《かいきょうとう》の中《なか》に最《もっと》も第一《だいいち》たり。よく重罪《じゅうざい》を除《のぞ》き、諸《もろもろ》の衆生《しゅじょう》をして生死《しょうじ》を解脱《げだつ》し、速《すみや》かに涅槃安楽《ねはんあんらく》の法身《ほっしん》を証《しょう》ぜしむ。

　またつぎに、慈氏《じし》、わが滅度《めつど》の後《のち》に阿難《あなん》陀《だ》をして所説《しょせつ》の素怛纜蔵《そたらんぞう》を受持《じゅぢ》せしめ、その鄔波離《うぱり》をして所説《しょせつ》の毗奈耶蔵《びなやぞう》を受持《じゅぢ》せしめ、迦多衍那《かたえんな》をして所説《しょせつ》の阿毗達磨蔵《あびだつまぞう》を受《じゅ》持《ぢ》せしめ、曼殊室利菩薩《まんじゅしりぼさつ》をして所説《しょせつ》の大乗《だいじょう》般若波羅蜜多《はんにゃはらみった》を受持《じゅぢ》せしめ、その金剛手菩《こんごうしゅぼ》薩《さつ》をして所説《しょせつ》の甚深微妙《じんじんみみょう》の諸《もろもろ》の総持門《そうじもん》を受持《じゅぢ》せしむべし」と。

　喩《ゆ》していわく、今《いま》この経文《きょうもん》によらば、仏《ほとけ》五味《ごみ》をもって五蔵《ごぞう》に配当《はいとう》して、

（140）一闡提＝icchantika《イッチャンティカ》の音写。断善根、寂種、信不具足、不信因果などと訳す。

（141）乳・酪・生蘇・熟蘇・妙醍醐＝この五つを五味という。醍醐は最上の味の品。

され、総持門を醍醐と称し、乳・酪などの四味を経などの四つの教えに譬えられています。中国（震旦《しんたん》）の教師らは、争ってこの最高の教えを示す醍醐の名を利用し、それぞれ自宗に名づけています。もしこの経文にしたがって考えてゆけば、それは鳴る鐘《かね》を盗んでおきながら、自分の耳をふさいで他の人も鐘の音に気付くまいと思う程度の智慧で、細かく分析して判断を下すまでもないことなのです。

(五)　入楞伽経に見る勝絶な教法

『入楞伽経《にゅうりょうがきょう》』(142)の第九巻に、次のように説かれています。

「私の教え（我乗）である如来《にょらい》の内なるさとりの智（内証智《ないしょうち》）(143)は、虚妄《いつわり》の覚《さと》りでは及びえない境界《きょうがい》である。

それでは、如来の入滅された後の世に、いったい誰がその境界を受持して、私のために説いて下さるのか。

如来の入滅された後の未来には、まさにその境界を伝える人物が存在するであ総持《そうじ》をば醍醐《だいご》と称《しょう》し、四味《しみ》をば四蔵《しぞう》に譬《たと》えたまえり。震旦《しんたん》の人師《にんじ》等《ら》、醍醐《だいご》を争《あらそ》い盗《ぬす》んで各自宗《おのおのじしゅう》に名《な》づく。もしこの経《きょう》を鑒《かんが》みればすなわち掩耳《えんじ》の智《ち》にして剖割《ほうかつ》を待《ま》たじ。

『楞伽経《りょうがきょう》』の第九《だいく》にいわく、「わが乗《じょう》たる内証智《ないしょうち》は妄覚《もうがく》が境界《きょうがい》にあらず。如来滅世《にょらいめっせ》の後《のち》、誰《たれ》か持《ち》してわがために説《と》かん。如来滅《にょらいめっ》度《ど》の後《のち》、未来《みらい》にまさに人《にん》あるべし。

（142）　入楞伽経＝菩提留支訳、全十巻中、巻九（大正蔵一六・五六九上）の所説。

（143）　我乗内証智＝付法伝の註には、我乗とは如来最上の秘密乗、内証智とは如来所証の五智三十七智および一百八乃至十仏刹微塵数不可説不可説の四種法身智を指す、とある。

ろう。大慧よ、あなたは明らかに、これを聴きなさい。その人物が私の法を受持するのである。南インドに大徳《だいとく》の比丘《びく》がいて、名を龍樹菩薩《りゅうじゅぼさつ》という。この人物はよく有《う》・無《む》への執《と》らわれた見解《けんかい》を破却《はきゃく》し去《さ》って、人びとのために私の教えである大乗《だいじょう》の無上《むじょう》の法を説くのである。」と。

喩《さと》していいます。ここで「私の教え(我乗)である如来《にょらい》の内なるさとりの智(内証智《ないしょうち》)」というのは、これはすなわち真言秘密《しんごんひみつ》の教えを示しています。如来《にょらい》は明らかに未来を記《しる》しておられます。このような人物があらわれて如来の内なるさとりを実現し、説法するであろうと。ですから智恵あるものは、迷い疑ってはいけません。

㈥　入楞伽経に見る法身説法

㈠　『入楞伽経《にゅうりょうがきょう》』(144)の第二巻に、次のように説かれています。

「また次に大慧《だいえ》よ、法身仏と報身仏の各々の説法について説くと、衆生を導くために出現された仏（報仏《ほうぶつ》）の説法は、あらゆる法《もの》の固有《こゆう》の相《そう》（自相《じそう》）と共通の相《そう》大慧《だいえ》よ、汝諦《なんじあきらか》に聴《き》け、人《にん》あってわが法《ほう》を持《ち》すべし。南大国《なんだいこく》の中《なか》において、大徳《だいとく》の比丘《びく》あり、龍樹菩薩《りゅうじゅぼさつ》と名《な》づけん。よく有無《うむ》の見《けん》を破《は》して人《ひと》のためにわが乗《じょう》たる大乗無上《だいじょうむじょう》の法《ほう》を説《と》くべし」と。

喩していわく、わが乗《じょう》たる内証智《ないしょうち》といっぱ、これすなわち真言秘密蔵《しんごんひみつぞう》を示《しめ》す。如来《にょらい》明《あき》らかに記《しる》したまえり。かくのごとくの人《にん》、説通《せっつう》ずべしと。有智《うち》の人狐疑《ひとこぎ》すべからず。

『楞伽《りょうが》』の第二《だいに》にまたいわく、「またつぎに大慧《だいえ》よ、法仏報仏《ほうぶつほうぶつ》の説《せつ》は、一切《いっさい》の法《ほう》の自《じ》相同相《そうどうそう》の故《ゆえ》に、

（144）　入楞伽経＝巻二（大正蔵一六・五二五中）の所説。

（同相《どうそう》）を示し、それらの虚妄《こもう》の現象に執着することによって、さらにとらわれた思考が影響しあってゆくという関係を明らかにする。大慧《だいえ》よ、これを分別虚妄《ふんべつこもう》の体相《たいそう》と名づける。大慧よ、これを報仏《ほうぶつ》の説法の相とするのである。

大慧よ、法身仏（法仏）の説法とは、衆生の心に相応した有様《ありよう》から離れ、如来の内に証《さと》られた真実の有様《ありよう》そのものの境界を説かれる。大慧よ、これを法身仏の説法の相と名づけるのである。

大慧よ、応化仏の活動、応化仏の説かれる教えというのは、布施・持戒・忍辱《にんにく》・精進・禅定・智慧の六波羅蜜や、五蘊《ごうん》（陰《おん》）・十八界（界）・十二処《じゅうにしょ》（入《にゅう》）・八解脱《はちげだつ》とか、八識《はっしき》などの心のはたらきの差異を明示したり、または仏教以外の諸々の教え（外道）による無色界の精神集中・心の安定（三摩抜提《さんまばってい》）[145]の次第に進む相を説くのである。大慧よ、これを応化仏の活動、応化仏の説法の相と名づける。

また次に大慧よ、法身仏の説法とは、すべてのとらわれ（攀縁《はんねん》）を離れ、観る（能観）とか観られる（所観）という偏りを離れ、活動の相（所作相）や対象の虚妄《こもう》の体相《たいそう》に執着《しゅうちゃく》するをもって、分別心勲《ふんべつしんくん》習《じゅう》するによるが故《ゆえ》に、大慧《だいえ》よ、これを分別《ふんべつ》虚妄体相《こもうたいそう》と名《な》づく、大慧《だいえ》よ、これを報仏説《ほうぶつせっ》法《ぽう》の相《そう》と名《な》づける。大慧《だいえ》よ、法仏《ほうぶつ》の説法《せっぽう》とは、心相応《しんそうおう》の体《たい》を離《はな》れたるが故《ゆえ》に、内証聖《ないしょうしょう》行《ぎょう》の境界《きょうがい》なるが故《ゆえ》に、大慧《だいえ》よ、これを法仏《ほうぶつ》説法《せっぽう》の相《そう》と名《な》づく。大慧《だいえ》よ、応化仏《おうけぶつ》の所作《しょさ》、応仏《おうぶつ》の説《せつ》は、施《せ》・戒《かい》・忍《にん》・精進《しょうじん》・禅定《ぜんじょう》・智《ち》慧《え》の故《ゆえ》に、陰界入解脱《おんがいにゅうげだつ》の故《ゆえ》に、識想《しきそう》の差別《しゃべつ》の行《ぎょう》を建立《こんりゅう》するが故《ゆえ》に、諸《もろもろ》の外道《げどう》の無色三《むしきさん》摩抜提《まばってい》の次第《しだい》の相《そう》を説《と》く、大慧《だいえ》よ、これを応仏《おうぶつ》の所作《しょさ》、応仏説法《おうぶつせっぽう》の相《そう》と名《な》づく。またつぎに大慧《だいえ》よ、法仏《ほうぶつ》の説法《せっぽう》とは攀縁《はんねん》を離《はな》れ、能観所観《のうかんしょかん》を離《はな》れたるが故《ゆえ》に、所作《しょさ》の相《そう》、

（145）　三摩抜提＝Samāpatti《サマーパティ》の音写。等至または定と訳す。

相（量相）などの関係性を離れているのであって、諸々の声聞や縁覚、あるいは仏教以外の教え（外道）によるさとりの境界とは異なっているのである。」と。

㈡　また『入楞伽経』(146)の第八巻には次のように説かれています。

「大慧よ、応化仏は衆生を教え導く場合に、真実をそのままに説法するのではなく、心の内にさとられた真実そのものや、仏の智慧の境界を説くわけではない。」と。

喩していいます。いまこの経によれば、法身《ほっしん》仏・報身《ほうじん》仏・応化《おうけ》仏の三身《さんじん》の説法には、それぞれ特有の範囲（分斉）があります。応化仏が、仏の内的なさとりの智の境界を説かないことは明らかです。ただ法身仏のみが、この仏の内にさとられた智を説法されるのです。もしこれから後に引用する経文を読み攬《と》れば、この理由を即座に決定することができるでしょう。

量《りょう》の相《そう》を離《はな》れたるが故《ゆえ》に、諸《もろもろ》の声聞《しょうもん》・縁覚《えんがく》・外道《げどう》の境界《きょうがい》にあらざるが故《ゆえ》に」と。

また第八《だいはち》の巻《まき》にいわく、「大慧《だいえ》よ、応化仏《おうけぶつ》は化衆生《けしゅじょう》の事《じ》をなすこと、真実相《しんじつそう》の説法《せっぽう》に異《こと》なり、内所証《ないしょしょう》の法《ほう》、聖智《しょうち》の境界《きょうがい》を説《と》かざるなり」と。

喩《ゆ》していわく、今《いま》この経《きょう》によらば、三身《さんじん》の説法《せっぽう》に各分斉《おのおのぶんざい》あり。応化仏《おうけぶつ》は内証智《ないしょうち》の境界《きょうがい》を説《と》かざること明《あきら》かなり。唯法身仏《ただほっしんぶつ》のみいましてこの内証智《ないしょうち》を説《と》きたもう。もし後《のち》の文《もん》を攬《み》ればこの理《り》すなわちこれを決《けっ》すべし。

(146)　入楞伽経＝巻八（大正蔵一六・五六一上）の所説。

(七)　五秘密経に見る法身の伝授

『金剛頂瑜伽金剛薩埵五秘密修行念誦儀軌《こんごうちょうゆがこんごうさったごひみつしゅぎょうねんじゅぎき》』(147)には、次のように説かれています。

「もし顕教において修行するならば、限りなく長い期間（三大無数劫《むしゅこう》）にわたる修行を経過して、その後にこのうえない菩提《さとり》を成就するのであるが、そのために修行途中で十人のうち九人までが後退してしまう。あるいは菩薩修行の第七地まででさとりを深めながら、その段階までに集められた福徳と智慧を、声聞乗や縁覚乗の浅いさとり（道果）にふりむけて、やはり仏の無上の菩提《さとり》の境地に到達することができないのである。

もし大日如来（毘盧遮那仏《びるしゃなぶつ》）の自受用身《じじゅゆうしん》が説かれる、内心に自覚された仏の智《ち》の教え、および大普賢《だいふげん》の徳をそなえた金剛薩埵《こんごうさった》の他受用身としての智の教えによるならば、この世でさとりの世界に導く師（曼荼羅阿闍梨《まんだらあじゃり》）(148)に出会い、現実にさとりの世界（曼荼羅）に入ることができる。師は弟子に戒を授ける作法（羯磨《こんま》）を具足し、自らは普賢の徳をそなえた金剛薩埵の境界（普賢三摩地《ふげんさんまち》）に入って、

『金剛頂五秘密経《こんごうちょうごひみつきょう》』に説《と》かく、「もし顕教《けんぎょう》において修行《しゅぎょう》せば、久《ひさ》しく三大無数劫《さんだいむしゅこう》を経《へ》て、しかる後《のち》に無上菩提《むじょうぼだい》を証成《しょうじょう》す。その中《ちゅう》間《げん》において十進九退《じっしんくたい》す。あるいは七地《しちぢ》を証《しょう》して所集《しょしゅう》の福徳智慧《ふくとくちえ》をもって声聞《しょうもん》・縁覚《えんがく》の道果《どうか》に廻向《えこう》してなお無上菩提《むじょうぼだい》を証《しょう》すること能《あた》わず。

もし毘盧遮那仏《びるしゃなぶつ》自受用身所説《じじゅゆうしんしょせつ》の内証自覚《ないしょうじかく》聖智《しょうち》の法《ほう》、および大普賢金剛薩埵《だいふげんこんごうさった》他受用身《たじゅゆうしん》の智《ち》によらば、すなわち現生《げんしょう》において曼荼《まんだ》羅阿闍梨《らあじゃり》に遇逢《あ》い、曼荼羅《まんだら》に入《い》ることを得《う》。羯磨《こんま》を具足《ぐそく》することをなし、普賢三摩地《ふげんさんまち》をもって

(147)　金剛頂瑜伽金剛薩埵五秘密修行念誦儀軌＝不空訳、一巻。（大正蔵二〇・五三五中）の所説。この説文および『聖位経』や『瑜祇経』の説文は、事相にかかわるために、師匠から直接伝えられるべき内容として、古来「不読段」と称された。宥快の『辯顕密二教論鈔』等には、これらの詳細な解説を欠いている。

(148)　曼荼羅阿闍梨＝授法・灌頂の師。

弟子の身中に金剛薩埵を引入し、その境界を実現させるのである。金剛薩埵と師の援助（加持《かぢ》）の威徳力《いとくりき》によるので、少しの間に、弟子ははかり知れないほどの誓願《せいがん》（三昧耶《さんまや》(149)）を達成し、はかり知れないほどの仏の世界の言葉（陀羅尼《だらに》）による教えをさとることができる。師の導くこの不思議の法によって、弟子の生来の我執《がしゅう》の種《たね》（種子《しゅうじ》）を変化させ、時に応じて弟子の身中に、極細なる妄執（一大阿《いちだいあ》僧祇劫《そうぎこう》(150)）を越えてようやく集められるとされる福徳・智慧を実現すると、そこで仏の世界の一員として生きることになるのである。そのうえに、灌頂《かんじょう》の道場でさとりの世界を表わす曼荼羅を見るとき、弟子の心中の奥深くに仏の世界の種（種子《しゅうじ》）が植えられ、完全に仏の世界の一員となったことを表示する金剛名号《こんごうみょうごう》(151)を与えられる。これより以後は、広大にして甚だ深い不思議の法を受得して、声聞・縁覚や十地の菩薩のさとりを超越する境界となるのである。」と。

　喩《さと》していいます。顕教で談義される、言い表わすことも思慮することもできないさとりの境界とは、いわゆる法身仏の毘盧遮那《びるしゃな》如来《にょらい》の内にさとられた境界です。

金剛薩埵《こんごうさった》を引入《いんにゅう》してその身中《しんちゅう》に入《い》る。加持《かぢ》の威徳力《いとくりき》によるが故《ゆえ》に、須臾《しゅゆ》の頃《あいだ》においてまさに無量《むりょう》の三昧耶《さんまや》、無量《むりょう》の陀羅尼門《だらにもん》を証《しょう》すべし。不思議《ふしぎ》の法《ほう》をもってよく弟子《でし》の倶《く》生《しょう》の我執《がしゅう》の種子《しゅうじ》を変易《へんにゃく》して、時《とき》に応《おう》じて身《しん》中《ちゅう》に一大阿僧祇劫《いちだいあそうぎこう》の所集《しょしゅう》の福徳智慧《ふくとくちえ》を集得《じっとく》しつれば、すなわち仏家《ぶっけ》に生在《しょうざい》すとなす。わづかに曼荼羅《まんだら》を見《み》るときは、すなわち金《こん》剛界《ごうかい》の種子《しゅうじ》をうえてつぶさに潅頂受職《かんじょうじゅしき》の金《こん》剛名号《ごうみょうごう》を受《う》く。これより已後《いご》、広大甚深不《こうだいじんじんふ》思議《しぎ》の法《ほう》を受得《じゅとく》して二乗十地《にじょうじゅうち》を超越《ちょうおつ》す」と。

　喩《ゆ》していわく、顕教所談《けんぎょうしょだん》の言断心滅《ごんだんしんめつ》の境《きょう》とは、いわゆる法身毘盧遮那内証智《ほっしんびるしゃなないしょうち》の境界《きょうがい》なり。

(149)　三昧耶＝Samaya《サマヤ》の音写。平等・本誓と訳す。

(150)　一大阿僧祇劫＝非常に長い期間を意味するが、ここでは妄執を悉く消失することをいう。

(151)　金剛名号＝灌頂の時、曼荼羅阿闍梨から授けられる名前。

もし『瓔珞経《ようらくきょう》』[152]によれば、毘盧遮那は真実の理そのものの仏身（理法身《りほっしん》）、盧遮那は真実の智慧そのものの仏身（智《ち》法身）、釈迦を教化《きょうけ》の仏身（化《け》身）と名づけています。それにしたがえば、この『金剛頂経』に説（談）かれている毘盧遮那仏の自受用身《じじゅゆうしん》が説かれる、内的なさとりの境界で自覚される聖なる智の教えとは、すなわち真実の理と真実の智慧そのものの仏身（理智法身）の境界なのです。

(八)　瑜祇経に見る法身説法

また『金剛峯楼閣一切瑜伽瑜祇経《こんごうぶろうかくいっさいゆがゆぎきょう》』[153]には、次のように説かれています。

「金剛界の大日如来（遍照如来《へんじょうにょらい》）は、五つの智慧から成る四種の法身をもって、本《もと》から居《お》られる金剛界の究極の宮殿で、その本性を受け保つ眷属《けんぞく》たちとともにおられる。その眷属たちというのは、すなわち一切に微細《みさい》に遍満《へんまん》する大日如来の境地（秘密心地）のあらわれであり、十地の菩薩の及びえない、大日如来の身《しん》・語《ご》・心《しん》の不壊《ふえ》なるはたらきを成すのである。」等云云《うんぬん》。

もし『瓔珞経《ようらくきょう》』によらば、毘盧遮那《びるしゃな》はこれ理法身《りほっしん》、盧遮那《るしゃな》はすなわち智法身《ちほっしん》、釈迦《しゃか》をば化身《けしん》と名《な》づく。しかればすなわちこの『金剛頂経《こんごうちょうぎょう》』所談《しょだん》の毘盧遮那仏《びるしゃなぶつ》、自受用身所説《じじゅゆうしんしょせつ》の内証《ないしょう》、自覚聖智《じかくしょうち》の法《ほう》とは、これすなわち理智法身《りちほっしん》の境界《きょうがい》なり。

また『金剛頂瑜祇経《こんごうちょうゆぎきょう》』にいわく、「金剛界《こんごうかい》の遍照如来《へんじょうにょらい》は、五智所成《ごちしょじょう》の四種法身《ししゅほっしん》をもって、本有金剛界金剛心殿《ほんぬこんごうかいこんごうしんでん》の中《なか》において、自《じ》性所成《しょうしょじょう》の眷属《けんぞく》、乃至《ないし》、微細法身《みさいほっしん》の秘密心地《ひみつしんち》の十地《じゅうぢ》を超過《ちょうか》せる身《しん》・語《ご》・心《しん》の金剛《こんごう》と与《とも》なりき」等云々《とううんぬん》。

(152)　瓔珞経＝竺仏念訳『菩薩瓔珞本業経』全二巻（大正蔵二四・一〇一〇）と、同訳『菩薩瓔珞経』全十四巻（大正蔵一六・一）の二種類あるが、どちらにも理法身・智法身・化身の三身説はない。窺基撰『大乗法苑義林章』巻七（大正蔵四五・三七二中）の所説と見られる。

(153)　金剛峯楼閣一切瑜伽瑜祇経＝金剛智訳、全二巻（大正蔵一八・二五三下）の所説。

また同経には[154]、次のようにもいいます。

「十地の諸々の菩薩たちも、この大日如来の境地を見ることができず、覚知することもできない。」云云《うんぬん》。

㈨　分別聖位経に見る法身説法

㈠　また『分別聖位経《ふんべつしょういぎょう》』[155]には、次のように説かれています。

「自受用仏《じじゅゆうぶつ》は、自心から無数の菩薩を流出《るしゅつ》する。彼はみな同一の本性をそなえている。それは、ダイヤモンドのように不壊《ふえ》（金剛）なる本性である。このような諸仏や諸菩薩は、自らに法を実現している楽しい境界（自受法楽《じじゅほうらく》）にあるので、それぞれが自らのさとりを表わす真実の行ないと言葉と思い（三密）の法門をお説きになるのである。」云云。

これらの文章は、みな仏自らの本性であり（自性）自らに実現している（自用）理・智法身の境界を示しています。これらの法身仏は、自らに法を実現した楽しまたいわく、「諸地《しょぢ》の菩薩《ぼさつ》よく見《み》ることあることなし、倶《とも》に覚知《かくち》せず。」云々。

また『分別聖位経《ふんべつしょういぎょう》』にいわく、「自受用《じじゅゆう》仏《ぶつ》は心《しん》より無量《むりょう》の菩薩《ぼさつ》を流出《るしゅつ》す、みな同一《どういつ》性《しょう》なり。いわく、金剛《こんごう》の性《しょう》なり。かくのごとくの諸仏菩薩《しょぶつぼさつ》は、自受法楽《じじゅほうらく》の故《ゆえ》に各自証《おのおのじしょう》の三密門《さんみつもん》を説《と》きたもう」云々《うんぬん》。

かくのごとく等《とう》はならびにこれ自性自用《じしょうじゆう》理智法身《りちほっしん》の境《きょう》なり。この法身等《ほっしんとう》は自受法楽《じじゅほうらく》の故《ゆえ》に

(154)　同経＝瑜祇経（大正蔵一八・二五四上）の所説。(153)参照。

(155)　分別聖位経＝不空訳『略述金剛頂瑜伽分別聖位修證法門』全一巻（大正蔵一八・二八八上）の所説。

い境界にあるので、その境界から心の内のさとり（内証智）をお説きになるのです。前に引用した『入楞伽経《にゅうりょうがきょう》』の、「法身仏は心の内のさとりの境界を説き、応化身はこれを説かない。」とする文章と真意は一致しています。これこそが、顕教の教えと絶離するところなのです。

もし智慧ある人が、すこしでもこの文を読めば、迷いの雲霧《うんむ》がたちまちに明るく晴れて、顕教の限界（関鑰《かんやく》）(156)が自然に開かれることでしょう。それはまるで、狭い井の底の魚が広大な海に自在に泳ぎ出で、垣根（藩籬《ばんり》）にとじこめられていた鳥が、高くさえぎるもののない大空（寥廓《りょうかく》）を飛ぶようなことです。生まれながらに長い間、視覚を失っていた人（生盲《しょうもう》）が、たちまちに視力を得て、乳の白色を見わけるように、顕教の非常に長い暗夜のような修行の段階も、即座に仏のさとりの光に促されて真実のさとりの境界に到達することになるのです。

(二)『金剛頂分別聖位経』(157)には、次のようにも説かれています。

「真言陀羅尼宗《しんごんだらにしゅう》(158)とは、一切如来の内に秘められた深奥のさとりの境界を示す教えこの内証智《ないしょうち》の境界《きょうがい》を説《と》きたもう。かの『楞《りょう》伽《が》』の法身《ほっしん》は内証智《ないしょうち》の境《きょう》を説《と》き、応化《おうけ》は説《と》かずという文《もん》と冥《はるか》に会《かな》えり。これすなわち顕教《けんぎょう》の絶離《ぜつり》せらるる処《ところ》なり。もし有智《うち》の人《ひと》、わずかにこの文《もん》をみれば雲霧《うんむ》たちまちに朗《ほがらか》んじて関鑰《かんやく》おのずから開《ひら》けん。井底《せいてい》の鱗《うろくず》ほしいままに巨海《こかい》に泳《およ》ぎ、蕃籬《ばんり》の翼《つばさ》たかく寥《りょう》廓《かく》に飛《と》ばん。百年《ひゃくねん》の生盲《しょうもう》たちまちに乳《にゅう》の色《いろ》を弁《わきま》え、万劫《まんごう》の暗夜《あんや》頓《とみ》に日光《にっこう》を褰《かか》げん。

『金剛頂分別聖位経《こんごうちょうふんべつしょういぎょう》』にいわく、「真言陀《しんごんだ》羅尼宗《らにしゅう》といっぱ、一切如来《いっさいにょらい》秘奥《ひおう》の教《きょう》、

（156）関鑰＝かんぬきと錠。

（157）金剛頂分別聖位経＝不空訳『略述金剛頂瑜伽分別聖位修證法門』全一巻（大正蔵一八・二八七中）の所説。

（158）真言陀羅尼宗＝真言宗の宗名として著者が開宗の時に表明したもの。

であり、大日如来が自覚された真実の智慧を、誰もが修め実現する（修証《しゅしょう》）ための法門である。またこれは、一切如来が一堂に集まる曼荼羅（海会壇《かいえだん》）(159)に加わり、菩薩としてはたらく役割を受けて、迷いの世界（三界）を超え、その境界で大日如来の教え（教勅《きょうちょく》）を統一され澄みきった心（三摩地）に受ける法門である。この因縁が結ばれるならば、即座に広大な福徳をともなう智慧を自らに集めることになり、このうえない菩提《さとり》を実現して、みな退転することがない。諸々の天魔を降伏《ごうぶく》し、一切の煩悩と諸々の罪障を離れて、いろいろな思いにそれらの罪障や煩悩の影響を融き消し、仏の四種法身《ししゅほっしん》を自らに実現する。四種法身とは、自性《じしょう》身・受用《じゅゆう》身・変化《へんげ》身・等流《とうる》身である。それはまた、五智如来や三十七尊など、密教独特（不共《ふぐ》）の仏の法門を満足することになるのである。〈以上は、真言宗の教えの大意を標示したものです。〉(160)

しかも如来の変化身は、インド（閻浮提《えんぶだい》）(161)のマガダ国（摩竭陀《まがだ》国）(162)の成道《じょうどう》の地（菩提道場）で、等正覚《とうしょうがく》を成就し、十地以前の菩薩と声聞・縁覚および凡夫のた自覚聖智修証《じかくしょうちしゅしょう》の法門《ほうもん》なり。またこれ一切如《いっさいにょ》来《らい》の海会《かいえ》の壇《だん》に入《い》りて菩薩《ぼさつ》の職位《しきい》を受《う》け、三界《さんがい》を超過《ちょうか》して仏《ほとけ》の教勅《きょうちょく》を受《う》くる三摩地門《さんまぢもん》なり。この因縁《いんねん》を具《ぐ》すれば頓《とみ》に功徳広大《くどくこうだい》の智慧《ちえ》を集《あつ》めて無上菩提《むじょうぼだい》においてみな退転《たいてん》せず。諸《もろもろ》の天魔《てんま》一切《いっさい》の煩悩《ぼんのう》および諸《もろもろ》の罪障《ざいしょう》を離《はな》れ、念念《ねんねん》に消融《しょうゆう》して仏《ほとけ》の四種身《ししゅしん》を証《しょう》す。いわく、自性身《じしょうしん》・受用身《じゅゆうしん》・変化身《へんげしん》・等流身《とうるしん》なり。五智《ごち》三十七等《さんじゅうしちとう》の不共《ふぐ》の仏《ほとけ》の法門《ほうもん》を満《まん》足《ぞく》す。（これは宗の大意を標す）

しかも如来《にょらい》の変化身《へんげしん》は閻浮提《えんぶだい》、摩竭陀国《まがだこく》の菩提道場《ぼだいどうじょう》において等正覚《とうしょうがく》を成《じょう》じ、地前《ちぜん》の菩薩《ぼさつ》・声聞《しょうもん》・縁覚《えんがく》・凡夫《ぼんぷ》のために

（159）　海会壇＝海のごとく法界無差別にして遍満する仏の世界。maṇḍala《マンダラ》の意。

（160）　〈　〉＝この部分は著者の注釈。

（161）　閻浮提＝Jambu《ヤンブ》-dvīpa《ディーパ》の音写。須弥山の南方にある大州の名。ここではインド。

（162）　摩竭陀国＝magadha《マガダ》の音写。釈尊時代の中インドの一国で、ここに成道の地 gaya《ガヤ》がある。

めに三乗の教えを説き、あるいは相手の意向に対応した教えを説き、あるいは自らの意向をそのままに説かれたのである。相手の多様な能力や状況も、それらに対応する教えにしたがって修行すれば、人間界や天界に生まれる報い（果報）を得たり、あるいは声聞・縁覚・菩薩のそれぞれの解脱《げだつ》（三乗解脱）を得る。その間には途中で、あるいは進みあるいは後退するなどして、このうえない菩提《さとり》に到達するまでには、はかり知れないほどの長期間にわたる修行と勤苦《ごんく》を経過し、ようやく成仏することができるのである。変化身《へんげしん》である釈迦如来は、カピラ城の王宮に誕生し、二本のサーラの樹の下で入滅され、自身の身骨（舎利《しゃり》）を遺された。塔を建ててこれを供養するならば、人・天の世界で最もすぐれた報いを得て、真実の安らぎ（涅槃《ねはん》）につながる因縁を結ぶことになるのである。〈これは簡略に、釈迦如来の教えと、それによって得るところを表わしています。〉

前述の変化身の説法は、報身《ほうじん》の毗盧遮那仏《びるしゃなぶつ》が、物質的世界の最上位にある第四禅の阿迦尼吒天《あかにたてん》(163)の宮殿に居られて、法界に遍く満ちて雲のように集まりあう一切三乗《さんじょう》の教法《きょうほう》を説《と》き、あるいは他意趣《たいしゅ》によって説《と》き、あるいは自意趣《じいしゅ》にして説《と》きたもう。種々《しゅじゅ》の根器《こんき》、種々《しゅじゅ》の方便《ほうべん》をもって説《せつ》のごとく修行《しゅぎょう》すれば、人天《にんでん》の果報《かほう》を得《え》、あるいは三乗解脱《さんじょうげだつ》の果《か》を得《え》、あるいは進《すす》み、あるいは退《しりぞ》いて無上菩提《むじょうぼだい》において三無数大劫《さんむしゅだいこう》に修《しゅ》行《ぎょう》し、勤苦《ごんく》してまさに成仏《じょうぶつ》することを得《う》。王宮《おうきゅう》に生《しょう》じ雙樹《そうじゅ》に滅《めっ》して身《しん》の舎利《しゃり》を遺《のこ》す。塔《とう》を起《た》てて供養《くよう》すれば、人天勝妙《にんでんしょうみょう》の果報《かほう》および涅槃《ねはん》の因《いん》を感受《かんじゅ》す。（これは略して釈迦如来の教および得益を表わす）

報身《ほうじん》の毘盧遮那《びるしゃな》は色界《しきかい》の頂《ちょう》の第四禅《だいしぜん》、阿《あ》迦尼吒天宮《かにだてんぐう》において雲集《うんじゅ》せる尽虚空遍法界《じんこくうへんほっかい》の一切《いっさい》の

（163）　阿迦尼吒天＝akaniṣṭha《アカニシュタ》の音写。色究竟天ともいう。色界十八天のうちの最上天。

の諸仏と、十地の修行をすべて成就した諸々の大菩薩を証明として、衆生の身心《しんじん》に迷いを気づかせ（驚覚《きょうがく》）、即座にこのうえない菩提《さとり》を得させるのとは同じではない。〈これは、他受用身《たじゅゆうしん》の説法と、それによって得るところを表わしています。〉

自受用仏《じじゅゆうぶつ》は、自心から無数の菩薩を流出する。彼らはみな同一の本性をそなえていて、それは、ダイヤモンドのように不壊《ふえ》（金剛）なる本性である。彼らは、遍照《へんじょう》如来に相対《あいたい》して、仏の世界の一員として認められ、その役割を受ける。その菩薩たちは、それぞれが自らのさとりを表わす真実の行ないと言葉と思い（三密）の法門を説いて、毘盧遮那仏および一切如来につつしんで供養（献）し、仏の大悲と衆生の信心との呼応（加持《かじ》）の教えを、請い願うのである。これに対し、毘盧遮那如来が言われるには、汝らは将来、限りなく多くの世界で最上の教えによって修行する者のために、その者の生涯のうちに、世間と出《しゅっ》世間の完全なさとりの境地（悉地《しっち》）[164]を成就させなさい、と。彼《か》の諸々の菩薩たちは、如来の教えを受けてから如来の御足を頂礼《ちょうらい》し、敬意をあらわすために如来の周囲をまわって（囲繞《いにょう》）

諸仏《しょぶつ》、十地満足《じゅうちまんぞく》の諸大菩薩《しょだいぼさつ》を証明《しょうみょう》とし、身《しん》心《じん》を驚覚《きょうがく》して頓《とみ》に無上菩提《むじょうぼだい》を証《しょう》するには同《どう》ぜず。（これは他受用身の説法得益を表わす）

自受用仏《じじゅゆうぶつ》は心《しん》より無量《むりょう》の菩薩《ぼさつ》を流出《るしゅつ》す、みな同一性《どういっしょう》なり。いわく金剛《こんごう》の性《しょう》なり。遍《へん》照如来《じょうにょらい》に対《たい》して灌頂《かんじょう》の職位《しきい》を受《う》く。彼等《かれら》の菩薩《ぼさつ》は、各三密門《おのおのさんみつもん》を説《と》いて、もって毗盧遮《びるしゃ》那《な》および一切如来《いっさいにょらい》に献《こん》じて、すなわち加持《かぢ》の教勅《きょうちょく》を請《こ》う。毗盧遮那《びるしゃな》のたまわく、汝《なんじ》等将来《らしょうらい》に無量《むりょう》の世界《せかい》において最上乗者《さいじょうじょうしゃ》のために現生《げんしょう》に世《せ》・出世間《しゅっせけん》の悉地成就《しっぢじょうじゅ》を得《え》せしむべしと。かの諸々《もろもろ》の菩薩《ぼさつ》、如来《にょらい》の勅《ちょく》を受《う》けおわって仏足《ぶっそく》を頂礼《ちょうらい》し、毗盧遮那仏《びるしゃなぶつ》を囲繞《ゐにょう》

(164)　悉地＝siddhi《シッディ》の音写。成就する仏果。

のち、それぞれの所定の処（本方本位）に還《かえ》り、五輪となって、そのさとりのシンボル（本標幟《ほんひょうじ》）を所持される。もし衆生が、これらの姿を見たり、その説法を聞いたり、あるいは仏の世界を表わす曼荼羅に参加すれば、衆生が輪廻し転生するとされる地獄・餓鬼・畜生・人・天の世界（五趣《ごしゅ》）の生死《しょうじ》の業苦《ごうく》を断ち、前述の五仏のさとりの境界において、一仏から一仏へ、すべての仏にそのつど供養し身をもって仕え（承事）て、みなこのうえない菩提《さとり》を得、自らに仏の本性を決定させることができる。この本性は、非常に堅固で、壊《こわ》す（沮壊《そえ》）ことができないダイヤモンドのようである。これはすなわち毘盧遮那如来に属する聖衆《しょうじゅ》の集まる世界であり、ここに毘遮那如来の全世界（卒都婆塔《そとばとう》）(165)が、さとりに実現（現証）されるのである。この如来の世界の一一の菩薩や一一の金剛薩埵《こんごうさった》は、それぞれの正しく安らかな心（三昧）で自らのさとりの境界に居られる。みな仏の慈悲による誓願の力で、広く衆生をたすけるのである。この世界の諸尊をもし見聞きするならば、ことごとく正しい平安の心を自らに実証して、その福徳と智慧を即座にしおわって各本方本位《おのおのほんぽうほんい》に還《かえ》って五輪《ごりん》となって本標幟《ほんぴょうじ》を持《じ》せり。もしは見《み》、もしは聞《き》き、もしは輪壇《りんだん》に入《い》りぬれば、よく有情《うじょう》の五趣《ごしゅ》輪転《りんてん》の生死《しょうじ》の業障《ごっしょう》を断《だん》じ、五解脱輪《ごげだつりん》の中《なか》においてー仏《いちぶつ》より一仏《いちぶつ》に至《いた》るまで供養承事《くようじょうじ》して、みな無上菩提《むじょうぼだい》を獲得《ぎゃくとく》して決定《けつじょう》の性《しょう》を成《じょう》ぜしむ。なお金剛《こんごう》の沮壊《そえ》すべからざるがごとし。これすなわち毗盧遮那《びるしゃな》の聖衆《しょうじゅ》の集会《しゅうえ》なり。すなわち現証窣都婆塔《げんしょうそとばとう》となる。一一《いちいち》の菩薩《ぼさつ》、一一《いちいち》の金剛《こんごう》、各本三昧《おのおのほんさんまい》に住《じゅう》して自《じ》解脱《げだつ》に住《じゅう》す。みな大悲願力《だいひがんりき》に住《じゅう》して広《ひろ》く有《う》情《じょう》を利《り》す。もしは見《み》、もしは聞《き》き、

(165)　卒都婆塔＝stūpa《ストゥーパ》の音写。法身そのもののありよう。

集め成就することができる。〈これは如来の自性身《じしょうしん》・自受用身《じじゅゆうしん》の説法と、それによって得るところを説いています。〉」と。

喩《さと》していいます。この『分別聖位経』には、明らかに自性身・受用身・変化身《へんげしん》の三身《さんじん》の説法の差異・区別・浅深、そして成仏の遅速や勝劣について説かれています。彼《か》の『入楞伽経』に説かれる三身説法の様相《ようそう》（相）と、真意が一致しています。顕教の智者は、みな法身仏は説法をしないと説明しますが、これは誤りです。顕教と密教の差異・区別は、このようにあります。つまびらかに考察し、つまびらかに察するようにして下さい。

(十)　瑜祇経に見る法身説法の世界

『金剛峯楼閣一切瑜伽瑜祇経《こんごうぶろうかくいっさいゆがゆぎきょう》』(166)に、次のように説かれています。

「あるとき、世尊なる金剛界の遍照如来《へんじょうにょらい》は〈これは、総句で金剛界の諸尊の徳を讃歎するものです。〉、五智《ごち》から成る四種類の法身をもって〈ここにいう五智とは、ことごとく三昧《さんまい》を証《しょう》して功徳智慧頓集成就《くどくちえとんじゅうじょうじゅ》す。」（これは自性身、自受用身の説法および得益を説く）と。

喩《ゆ》していわく、この経《きょう》に明《あきら》かに三身《さんじん》の説法《せっぽう》の差別浅深《しゃべつせんじん》、成仏《じょうぶつ》の遅速勝劣《ちそくしょうれつ》を説《と》けり。かの『楞伽《りょうが》』の三身説法《さんじんせっぽう》の相《そう》と義合《ぎかな》えり。顕学《けんがく》の智人《ちにん》、みな法身《ほっしん》は説法《せっぽう》せずという。この義《ぎ》しからず。顕密二教《けんみつにきょう》の差別《しゃべつ》かくのごとし。審《つまびらか》に察《さっ》し審《つまびらか》に察《さっ》せよ。

『金剛頂一切瑜祇経《こんごうちょういっさいゆぎぎょう》』にいわく、「一時《いちじ》、薄伽梵《ばがぼん》、金剛界遍照如来《こんごうかいへんじょうにょらい》（これは総句をもって諸尊の徳を歎ず。）五智所成《ごちしょじょう》の四種法身《ししゅほっしん》をもって（いわく五智とは一には大円鏡智、二には平等

（166）　金剛峯楼閣一切瑜伽瑜祇経＝金剛智訳、全二巻（大正蔵一八・二五三下）の所説。

一には大円鏡智《だいえんきょうち》、二には平等性智《びょうどうしょうち》、三には妙観察智《みょうかんざつち》、四には成所作智《じょうしょさち》、五には法《ほっ》界体性智《かいたいしょうち》であり、すなわちこれは、五つの方角に位置する仏です。順に東・南・西・北・中に配して、それを理解して下さい。四種類の法身とは、一には自性身《じしょうしん》、二には受用身《じゅゆうしん》、三には変化身《へんげしん》、四には等流身《とうるしん》です。この四種類の仏身には竪と横の二つの意味がそなわっています。横はすなわち自らの境界にともなう福徳であり、竪はすなわち他者へ福徳をもたらすはたらきです。これらの深い意味については、さらに質問して下さい。〉、もともとそなわっている金剛界〈これは本来の徳性である法界体性智を説明します。〉で、自在な観察《かんざつ》により衆生を救おうと誓い〈これはすなわち妙観察智〉、本来一切は平等であると自ら覚《さと》って〈平等性智〉、仏の菩提《さとり》の完全無欠な心〈大円鏡智〉で、壊れることがない金剛から遍《あまね》く放たれる光明のような心の宮殿の中〈ここにいう、壊れることがない金剛とは、すべて諸尊の永遠に変わらない身を讃歎しています。光明のようなとは、さとりの徳を讃歎するものです。宮殿とは、この身と心とが互いに住む（能住）住まわれる（所性智、三には妙観察智、四には成所作智、五には法界体性智なり。すなわちこれ五方の仏なり。ついでのごとく東・南・西・北・中に配してこれを知れ。四種法身とは、一には自性身、二には受用身、三には変化身、四には等流身なり。此の四種身に竪・横の二義を具せり。横はすなわち自利、竪はすなわち利他なり。深義はさらに問え。）、本有金剛界《ほんぬこんごうかい》（これは性徳法界体性智を明す。）

自在大三昧耶《じざいだいさんまや》（これはすなわち妙観察智。）自覚本初《じかくほんしょ》（平等性智）

大菩提心普賢満月《だいぼだいしんふげんまんがち》（大円鏡智）不壊金剛光明心殿《ふえこんごうこうみょうしんでん》

の中《なか》において（いわく不壊金剛とは総じて諸尊

住）の関係となることを説明しています。中とは、身・心によって語られる語密であり、また偏りを離れる意味です。これこそ如来の三密です。かの五辺・百非を離れて、ひとり非中の中に住《すまい》されます。これは等覚や十地の菩薩たちも見聞きすることのできないところで、いわゆる法身が自ら証《さと》られた境界です。またこれは、自利・利他をともに完成する智、すなわち成所作智であって、三密のはたらきは、みなこの成所作智から生じるものです。以上の五句は、総句で五仏の住処を説明するもので、住処の名はそのままに、五仏の秘密の名号と妙なる徳性をあらわします。この秘密の意味を知るべきなのです。〉に、自性身から出現された眷《けん》属《ぞく》の諸尊、すなわち金剛手などの十六大菩薩や(167)、四つの方法で衆生を導く天女使たち(168)、そして永遠なる仏の世界で大日如来と四仏とが互いに供養しあうために出現された八供養の金剛天女使《てんにょし》(169)たちとともに居られる。これらの眷属たちは、それぞれの本来の誓願に添うて衆生をたすけるために、自ら金剛のさとりの境界にあって、本来の深い禅定《せんじょう》のシンボル（標幟《ひょうじ》）を手に持っておられる。それらはみな、の常住の身を歎ず。光明心とは心の覚徳を嘆ず。殿とは身心互いに能住所住となることを明す。中とは語密・また離辺の義なり。これはこれ三密なり。かの五辺百非を離れて、独り非中の中に住す。等覚十地も見聞すること能わず。いわゆる法身自証の境界なり、またこれ成所作智なり。三密の業用みなこれより生ず。已上の五句は総じて住處を明す。住處の名はすなわち五仏の秘号妙徳なり。密意知るべし。）

自性所成《じしょうしょじょう》の眷属《けんぞく》、金剛手等《こんごうしゅとう》の十六大菩薩《じゅうろくだいぼさつ》および四摂行天女使《ししょうぎょうてんにょし》、金剛内外《こんごうないげ》の八供養《はっくよう》の金剛天女使《こんごうてんにょし》と与《とも》なり。各各本誓加持《おのおのほんぜいかじ》をもって自《みずか》ら金剛月輪《こんごうがちりん》に住《じゅう》し、本三摩地《ほんさんまじ》の標幟《ひょうじ》を持《じ》せり。

(167)　十六大菩薩＝東方阿閦如来の四親近《しんごん》である薩・王・愛・喜、南方宝生如来の四親近である宝・光・幢・笑、西方阿弥陀如来の四親近である法・利・因・語、北方不空成就如来の四親近である業・護・牙・拳の十六大菩薩をいう。

(168)　天女使たち＝大日如来の徳を衆生に教示し導く鉤・索・鎖・鈴の四菩薩。

(169)　八供養の金剛天女使＝嬉・鬘・歌・舞・香・華・灯・塗の八供養菩薩。

絶妙なる法身の心の内のさとりであって、十地の境界を超えた身語心《しんごしん》の、完璧なはたらきを示すものである。〈これは、三十七尊の根本である自性法身の内眷属の智慧を説明しています。〉それらの内眷属は、それぞれの持つ五鈷金剛杵《ごここんごうしょ》の峯先《みねさき》から五智の光明を放ち、五億の一億倍（五億倶胝《くてい》(170)）もの数の微細《みさい》なる金剛の智慧を出現して、それが虚空《こくう》に満ち、世界中にゆきわたっている。十地の諸菩薩もこれを見ることができず、覚知することもできない。燃えさかる炎にもまさる、さとりの智慧の光明は、自在にはたらく素晴しい力をもつのである。〈これは、三十七尊の根本の五智に、それぞれ無数の徳がそなわっていることを説明しています。もしこれらの次第を明らかにするならば、文献にその出現についての説明文があります。また、もしそれらを本来のもの（本有）とするならば、これらの徳性は同時に完全に満たされてそなわっているのです。〉常に過去・現在・未来の三世において、壊れることのない変化身《へんげしん》をあらわし、衆生の利益と安楽のために、少しの時間も休息することがない。〈ここにいう三世とは、三密のことです。壊れないみなもって微細法身秘密心地《みさいほっしんひみっしんち》の十地《じゅうぢ》を超過《ちょうか》せる身語心《しんごしん》の金剛《こんごう》なり。（これは三十七の根本の自性法身の内眷属智を明す。）各五智《おのおのごち》の光明峯杵《こうみょうぶしょ》において五億倶胝《ごおくくてい》の微細《みさい》の金剛《こんごう》を出現《しゅつげん》して虚空法界《こくうほっかい》に遍満《へんまん》せり。諸地《しょぢ》の菩薩《ぼさつ》、よく見《み》ることあることなく、倶《とも》に覚知《かくち》せず。熾燃《しねん》の光明自在《こうみょうじざい》の威力《いりき》あり。（これは三十七尊の根本の五智に各恒沙の性徳を具することを明す。もし次第に約すれば出現の文あり。もし本有によらば倶時にかくのごとくの諸徳を円満す。）常《つね》に三世《さんぜ》において不壊《ふえ》の化身《けしん》をもって有情《うじょう》を利楽《りぎょう》し時《とき》として暫《しばら》くも息《や》むことなし。（いわく三世とは三密なり。不壊とは金剛を表す。化とは業用な

(170)　五億倶胝＝倶胝はkoti《コーティ》の音写。数の名。千万、億の意味。

とは、金剛を表わします。変化身の化とは、はたらき（業用《ごうゆう》）です。言いかえれば、常に金剛の三密のはたらきをもって、三世にわたって自・他すべての衆生に、絶妙な法の楽しみを受けさせるのです。〉彼らは、金剛のように堅固な自らの仏性〈阿閦仏《あしゅくぶつ》の印《いん》〉から、あまねく照らす光明〈宝光仏の印〉と、決して壊れることがない永久の清浄《きよらか》さ〈清浄法界身《しょうじょうほっかいしん》の印〉と、種々のはたらき〈羯磨智身《かつまちしん》の印〉と、方便の加持〈方便受用身の印〉とをもって、衆生を仏の世界へ救い渡し〈大慈悲の徳〉て、密教（金剛乗）を説きひろめておられる〈説法の智慧〉。ただ仏の金剛のように不壊《ふえ》なる智慧〈これは完璧な仏の世界の福徳智慧のことです。〉だけが、よく煩悩を断つのである〈利智の徳をあらわします。以上の九句は、五仏の印と、四菩薩の福徳を説明しています。一つ一つの仏の印に、四菩薩の四つの福徳をそなえています。自らに法を実現している境界に居られるので、常に仏だけの不壊なる智慧の教えを説かれるのです。〉。この奥深い秘密のさとりの世界におられて、すべてにゆきわたる智恵（普賢）の自らの本質のままに、常住の法身大日如来が、り。言わく常に金剛の三密の業用をもって三世にわたって自他の有情をして妙法の楽を受けしむ。）金剛《こんごう》の自性《じしょう》と（阿閦仏の印）光明遍照《こうみょうへんじょう》と（宝光仏の印）清浄不壊《しょうじょうふえ》と（清浄法界身の印）種々《しゅじゅ》の業用《ごうゆう》と（羯磨智身の印）方便加持《ほうべんかち》（方便受用身の印）とをもって、有情《うじょう》を救度《くど》し（大慈悲の徳なり。）金剛乗《こんごうじょう》を演《の》べたもう（説法の智徳）。唯一《ゆいいつ》の金剛《こんごう》（円満壇の智慧なり。）よく煩悩《ぼんのう》を断《だん》ず（利智の徳なり。已上の九句はすなわちこれ五印四徳なり。一一の仏印に各四徳を具す。自受用の故に、常恒に金剛智慧の一乗を演説したもう。）。この甚深秘密心地《じんじんひみつしんち》、普賢自性《ふげんじしょう》、常住法身《じょうじゅうほっしん》を諸々の菩薩たちを摂《おさ》めておられる〈これは、自性法身が、自らの眷属《けんぞく》たちを摂《おさ》めることを説いています。またこれは、他を摂《おさ》めることにも通じています。自らの眷属たちを挙げて、他の一切を兼ねあらわしているのです。〉。ただし、この法身仏の国は、すべて金剛の自性である清浄によって成り立つ、密厳《みつごん》・華厳《けごん》の国土である。〈ここにいう密とは、決して壊れない金剛の三密です。華とは、咲きひらいたさとりの華です。厳とは種々の徳をそなえていることです。いわば、ガンジス河の砂のように数限りない仏徳、すなわち如来のはかり知れない三密のはたらきで、法身仏の国土を荘厳《しょうごん》することで、これを曼荼羅《まんだら》と名づけます。また、金剛は智をあらわし、清浄《しょうじょう》は理をあらわし、自性《じしょう》はこの二つに通じます。要するに、彼《か》の諸尊に、それぞれ自然の理と智とをそなえているのです。〉この仏国土は、諸尊の大慈悲行の願いを完璧に満足させているので、衆生の福徳と智慧の素質が完成されるところである。〈ここにいうところは、上に説いた数限りない諸尊にそれぞれ、すべてにゆきわたる智恵（普賢）による救いの方策を、そなえているというもって諸々《もろもろ》の菩薩《ぼさつ》を摂《せっ》す（これは自性法身の自眷属を摂することを明す。また通じて他を摂す。自を挙げて他を兼ぬるなり。）。ただこの仏刹《ぶっせつ》は、ことごとく金剛自性清浄《こんごうじしょうしょうじょう》をもって成《じょう》ずる所《ところ》の密厳《みつごん》華《け》厳《ごん》なり。（いわく密とは金剛の三密なり、華とは開敷覚華なり。厳とは種々の徳を具す。言わく恒沙の仏徳、塵数の三密をもって身土を荘厳する、これを曼荼羅と名づく。また金剛は智を表し、清浄は理を表し、自性は二に通ず。いわく、かの諸尊におのおの自然の理智を具す。）諸《もろもろ》の大悲行願円満《だいひぎょうがんえんまん》するをもって有《う》情《じょう》の福智資糧《ふくちしりょう》の成就《じょうじゅ》するところなり。（いわく上に称するところの恒沙の諸尊に各普賢行願の方便を具す。）

ことです。〉如来の五智の光明で常に過去・現在・未来の三世を照らし、しばらくも休むことがない、平等の智身の国土である。〈五智というのは、大日如来の五大から成るさとりの智慧です。一つ一つの大に、それぞれ大日如来の極意（智印）をそなえています。三世とは、永遠のはたらきとしての身《しん》・口《く》・意《い》の三密および、法身・報身・応身の三身です。しばらくも休むことがないというのは、これらの諸尊のはたらきに、絶間《たえま》が無いということです。この仏のはたらきで、自・他の安楽のためになるようにするのです。平等の智身という句の、智とは心のはたらき、身とは心のかたちです。平等とは普遍ということです。いわば、五大からなる如来の三密の智慧のあらわれは、その数がはかり知れないほどで、身および心智は、三種世間に満ち満ちて仏のはたらきを勤め、一瞬も休むことがありません。これらの経文の句は、一つ一つの文、一つ一つの句が、みな大日如来の秘密を明かす符号なのです。声聞《しょうもん》・縁覚《えんがく》や凡夫は、言葉の意味を理解しても、文字の真義を理解することはできません。ただ、文字のかたち（字相）を理解しても、文字五智《ごち》の光照《こうしょう》常《つね》に三世《さんぜ》に住《じゅう》するをもって暫《しばら》くも息《や》むことあることなき平等《びょうどう》の智身《ちしん》なり。（五智とは五大所成の智なり。一一の大におのおの智印を具せり。三世とは、三密三身なり。暫くも息むことあることなしとは、かくのごとくの諸尊は業用無間なり。この仏業をもって自他を利楽す。平等智身とは智とは心の用、身とは心の体なり。平等とは普遍なり。いわく、五大所成の三密智印その数無量なり。身および心智、三種世間に遍満遍満し、仏事を勤作して利那も休まず。かくのごとくの文句一一の文、一一の句みなこれ如来の密号なり。二乗・凡夫はただ句義を解して字義を解すること能わず。ただ字相を解して字の密号を知ることを得ず。これに籠《こ》められた秘密の符号を知ることはできません。この経文を読み覧《み》る密教の智慧ある人びとは、表《おもて》に顕《あら》われた字句の解釈にとらわれて、そこに秘められた意義をそこなうことがあってはなりません。もし金剛薩埵《こんごうさった》の『般若理趣釈《はんにゃりしゅしゃく》』[171]を見れば、この意味を知ることでしょう。怪しみ疑い、怪しみ疑うことのないように。〉」と。

(十一)　大日経に見る法身説法の世界

(一)　『大毘盧遮那経《だいびるしゃなきょう》』[172]には、次のように説かれています。

「ある時、世尊（薄伽梵《ばがぼん》）[173]大日如来は自ら加持された広大な金剛法界宮《ほっかいぐう》に住しておられた。そこには、如来の智慧のシンボルである金剛杵《こんごうしょ》を分け持つ一切の者たち（持金剛者《ぢこんごうしゃ》）[174]が集会していて、その者たちを名づけて虚空無垢執金剛《こくうむくしゅうこんごう》、ないし、金剛手秘密主という。このような者を最上位にして、十の仏国土を微塵《みじん》にしたほど多数の、金剛杵を持つ者たちとともにおられ、普賢菩薩、妙吉祥菩薩、ないし諸々の大菩薩たちが前後に取り囲み、そこで如来は法を説かれるのである。いわを覧ん智人、顕句義をもって秘意を傷うことなかれ。もし薩埵の釈経を見ればこの義知りぬべし。怪しむことなかれ。怪しむことなかれ。)」と。

『大毘盧遮那経《だいびるしゃなきょう》』にいわく、「一時《いちじ》薄伽梵《ばがぼん》、如来加持広大金剛法界宮《にょらいかちこうだいこんごうほっかいぐう》に住《じゅう》したもう。一《いっ》切《さい》の持金剛者《ちこんごうしゃ》みなことごとく集会《しゅうえ》せり。その金剛《こんごう》を名《な》づけて虚空無垢執金剛《こくうむくしゅうこんごう》、乃至《ないし》、金剛手秘密主《こんごうしゅひみつしゅ》という。かくのごとくを上首《じょうしゅ》として十仏刹微塵数等《じゅうぶつせつみじんずとう》の持金剛衆《ちこんごうしゅ》と倶《とも》なり。および普賢菩薩《ふげんぼさつ》、妙吉祥菩薩《みょうきっしょうぼさつ》、乃至《ないし》、諸大《しょだい》菩薩《ぼさつ》前後《ぜんご》に囲繞《いにょう》してしかも法《ほう》を演説《えんぜつ》したもう。

(171)　般若理趣釈＝不空訳『大楽金剛不空真実三昧耶経般若波羅蜜多理趣釈』全二巻（大正蔵一九・六〇七）。金剛薩埵作と伝えられる。

(172)　大毘盧遮那経＝善無畏訳、一行筆受『大毘盧遮那成仏神変加持経』全七巻（大正蔵一八・一）の所説。

(173)　薄伽梵＝Bhagavān《バガヴァーン》の音写。世尊の意味。ここでは本地法身をさす。

(174)　持金剛者＝大日如来の内眷属。

ゆる過去・現在・未来の三時を超越した永遠の大日如来のこの説法は、如来の加持力による、一切に平等の真実の身・語・意の法門である。〈これは自性身の説法を説明しています。〉時に、彼《か》の周囲の菩薩たちの中では、普賢菩薩を首席とし、金剛杵《こんごうしょ》を持つ諸々の者たちの中では、秘密主を首席とする。毗盧遮那《びるしゃな》如来は、その加持力により、尽きることのない身のはたらきで荘厳《しょうごん》された法蔵《おしえ》を、勢いよく示現される。同様に語と意のはたらきもまた尽きることなくあまねくゆきわたり、荘厳された法蔵を、勢いよく示現される。〈これは、受用身《じゅゆうしん》の説法を説明しています。〉この法蔵《おしえ》は、毗盧遮那仏の身、あるいは語、あるいは意から生じるのではない。また、あらゆる処で生起したり消滅したりするのであって、処を定めることが不可能である。しかも、毗盧遮那仏の一切の身のはたらき、一切の語のはたらき、一切の意のはたらきが、あらゆる処とあらゆる時に、衆生の世界で、真言の教えを宣説《せんぜつ》しておられるのである。〈これは、変化身の説法を説明しています。〉また、執金剛・普賢・蓮華手菩薩等の姿かたちを現わして、あらゆる方角で真言

いわゆる三時《さんじ》を越《こ》えたる如来《にょらい》の日《ひ》、加持《かぢ》の故《ゆえ》に身《しん》・語《ご》・意平等句《いびょうどうく》の法門《ほうもん》なり。（これは自性身の説法を明す。）

時《とき》にかの菩薩《ぼさつ》には普賢《ふげん》を上首《じょうしゅ》となし、諸《しょ》執金剛《しゅうこんごう》には秘密主《ひみつしゅ》を上首《じょうしゅ》となす。毗盧遮那《びるしゃな》如来《にょらい》、加持《かぢ》の故《ゆえ》に身無尽荘厳蔵《しんむじんしょうごんぞう》を奮迅示現《ふんじんじげん》し、かくのごとくの語意平等《ごいびょうどう》の無尽荘厳蔵《むじんしょうごんぞう》を奮迅示現《ふんじんじげん》したもう。（これは受用身の説法を明す。）

毗盧遮那仏《びるしゃなぶつ》の身《しん》、あるいは語《ご》、あるいは意《い》より生《しょう》ずるにあらず。一切処《いっさいしょ》に起滅辺際《きめつへんざい》不可得《ふかとく》なり。しかも毗盧遮那《びるしゃな》の一切《いっさい》の身業《しんごう》、一切《いっさい》の語業《ごごう》、一切《いっさい》の意業《いごう》は、一切処《いっさいしょ》、一切《いっさい》時《じ》に有情界《うじょうかい》において真言道句《しんごんどうく》の法《ほう》を宣説《せんぜつ》したもう。（これは変化身の説法を明す。）

また執金剛《しゅうこんごう》・普賢《ふげん》、蓮華手菩薩等《れんげしゅぼさつとう》の像貌《ぞうみょう》を現《げん》じてあまねく十方《じっぽう》においての教えである清浄句《しょうじょうく》の法門を説かれるのである。〈これは、等流身《とうるしん》の説法を説明しています。菩薩等の等というのは、執金剛・蓮華手をあげて、外《げ》金剛部の諸尊を同等に兼ね示すことを意味します。この『大日経』の説く四種法身に、さらにまた竪・横の二つの意味がそなわっているのです。それは、文章上の勢いから察知して下さい。〉」と。

㈡　また『大日経』(175)の百字果相応品には、次のように説かれています。

「その時に、毗盧遮那世尊は、執金剛秘密主に告げて言われるのに、もし大覚世尊のさとりの智慧を授けられた境界に入るならば、自ら三密平等の法門に住することになる。秘密主よ、世尊のさとりの智慧を授けられた境界に入るならば、すなわち仏の教えをすべてあらわす真言で自らに仏のはたらきを示現することができると。その時に大覚世尊は、一切の諸々の衆生の前におられて、それぞれの相手に応じた仏のはたらきを施し、三密平等（三三昧耶《さんさんまや》）(176)の教えを説かれた。仏の言われるには、秘密主よ、私の説く、真言による完全な教え（語輪《ごりん》の境界《きょうがい》）(177)を観

真言道《しんごんどう》の清浄句《しょうじょうく》の法《ほう》を宣説《せんぜつ》したもう。（これは等流身の説法を明す。等といっぱ、金剛蓮華手を挙げ、兼ねて外金剛部の諸尊を等しくするなり。この経の四種法身に、また、竪、横の二義を具す。文勢知りぬべし。）」と。

またいわく、「そのときに毘盧遮那世尊《びるしゃなせそん》、執金剛秘密主《しゅうこんごうひみつしゅ》に告《つ》げたまわく、もし大覚世《だいかくせ》尊《そん》の大智灌頂地《だいちかんじょうち》に入《い》りぬれば、自《みずか》ら三三昧《さんさんま》耶《や》の句《く》に住《じゅう》することを見《み》る。秘密主《ひみつしゅ》、薄伽《ばが》梵大智灌頂《ぼんだいちかんじょう》に入《い》りぬれば、すなわち陀羅尼《だらに》形《ぎょう》をもって仏事《ぶつじ》を示現《じげん》す。そのとき大覚世《だいかくせ》尊《そん》、したがって一切《いっさい》の諸《もろもろ》の衆生《しゅじょう》の前《まえ》に住《じゅう》して、仏事《ぶつじ》を施作《しさ》し、三三昧耶《さんさんまや》の句《く》を演説《えんぜつ》したもう。仏《ほとけ》のたまわく、秘密主《ひみつしゅ》、われ語輪《ごりん》の境界《きょうがい》を観《かん》ずるに、

（175）　大日経＝巻六、百字果相応品第二十（大正蔵一八・四〇中）の所説。

（176）　三三昧耶＝三昧耶はSamaya《サマヤ》の音写で平等の意味。

（177）　語輪の境界＝陀羅尼形。大日如来の内証をあらわす法門。

察すると、これは限りなく広く長大に、あまねくあらゆる世界にゆきわたる清浄《しょうじょう》なる法門なのである。その本性のままに、各種の相手に適切な真実世界を表示する法門である。すべての衆生《しゅじょう》に、みな歓喜《よろこび》を得させる。またこれは、いま釈迦牟《しゃかむ》尼世尊《にせそん》が、虚空《こくう》のように尽きることのない世界にあまねく出現して、諸々の国土で仏のはたらきを勤めておられるのと同様なのである。」〈この『大日経』の文は、大日如来の三身《さんじん》が諸々の世界にあまねくゆきわたって仏のはたらきをなすことが、釈迦の三身のはたらきのようであることを説明しています。しかし、釈迦の三身と大日如来の三身とは、各々同じではありません。まさにこのことを知るべきです。〉

広長《こうちょう》にしてあまねく無量《むりょう》の世界《せかい》に至《いた》る清浄門《しょうじょうもん》なり。その本性《ほんしょう》のごとく随類《ずいるい》の法界《ほっかい》を表示《ひょうじ》する門《もん》なり。一切衆生《いっさいしゅじょう》をしてみな歓喜《かんぎ》を得《え》せしむ。またいまの釈迦牟尼世尊《しゃかむにせそん》の、無尽《むじん》の虚空界《こくうかい》に流遍《るへん》して、諸《もろもろ》の刹土《せつど》において仏事《ぶつじ》を勤作《ごんさ》するがごとし。」（この文は大日尊の三身、諸の世界に遍じて仏事を作すこと、また釈迦の三身のごとくなることを明す。釈迦の三身、大日の三身、各各不同なり。まさにこれを知るべし。）

大日経開題（部分）

(十二)　守護国界主陀羅尼経に見る法身説法の世界

『守護国界主陀羅尼経《しゅごこっかいしゅだらにきょう》』(178)の第九巻には、次のように説かれています。

「仏が秘密主に告げて言われるには、善男子《ぜんなんし》よ、この真言陀羅尼とは、毗盧遮那《びるしゃな》世尊が、色界《しきかい》の最頂天である色究竟天《しきくきょうてん》で、帝釈天および天の諸々のメンバーたちのために、すでに広く説き明かされたものである。私はいま、この菩提樹の下の永遠なる真実の道場で、諸々の国王たちとあなたがたのために、そのあらましを解明してこの陀羅尼の法門を説くのである。」と。

(十三)　大智度論に見る法身説法の世界

(一)　『大智度論《だいちどろん》』(179)の第九巻には、次のように説かれています。

「仏には二種類の身《しん》がある。一には法性身《ほっしょうしん》、二には父母生身《ぶもしょうしん》である。この法性身は、十方の虚空に満ち満ちて、数限りなく偏ることがない。姿かたちは正しくととのい、相好は尊く気品にみちて、量《はか》ることのできない光明と量ることのできな

『守護国界陀羅尼経《しゅごこっかいだらにきょう》』の第九《だいく》にいわく、「仏《ほとけ》、秘密主《ひみつしゅ》に告《つ》げてのたまわく、善男子《ぜんなんし》、この陀羅尼《だらに》とは毘盧遮那世尊《びるしゃなせそん》、色究竟天《しきくきょうてん》にて、天帝釈《てんたいしゃく》および諸《もろもろ》の天衆《てんしゅう》のためにすでに広《ひろ》く宣説《せんぜつ》したまえり。われ今《いま》この菩提樹下金剛《ぼだいじゅげこんごう》道場《どうじょう》において、諸《もろもろ》の国王《こくおう》および汝等《なんじら》がために略《りゃく》してこの陀羅尼門《だらにもん》を説《と》く」と。

『智度論《ちどろん》』の第九《だいく》にいわく、「仏《ほとけ》に二種《にしゅ》の身《しん》あり。一《いち》には法性身《ほっしょうしん》、二《に》には父母生身《ぶもしょうしん》なり。この法性身《ほっしょうしん》は十方《じっぽう》虚空《こくう》に満《み》ちて、無量《むりょう》無辺《むへん》なり。色像端政《しきぞうたんじょう》にして相好荘厳《そうごうしょうごん》せり。無量《むりょう》の光明《こうみょう》、無量《むりょう》の

（178）　守護国界主陀羅尼経＝般若・牟尼室利の共訳。全九巻（大正蔵一九・五六五下）の所説。

（179）　大智度論＝龍樹造、鳩摩羅什訳。全百巻のうち第九巻（大正蔵二五・一二一下）の所説。

いすぐれた音声をそなえておられる。この場の説法の聴衆もまた、虚空にあまねく満ちているのである。〈これは、聴衆もまた法性身であり、生死《しょうじ》にとらわれる生身の人びとの見られるところではないことを説明しています。〉常に種々の身体を示し、種々の名前をもち、種々の場処に生まれて、種々の方策を用いて衆生を導く。常に一切を導き続けて、少しの間も休息する時がない。これがすなわち、法性身の仏である。よく十方の衆生の、諸々の罪報を受ける人びとを救い導くのは、父母生身の仏である。父母生身の仏は、順々に法を説き、それは人間世界の説明と同様である。」

(二)　また同経(180)には、次のようにも説かれています。

「法身の仏は、常に光明を放って、常に説法しておられる。しかしそれを、衆生は罪障のために、見ることがなく聞くこともない。このことは、たとえば、日が出ても眼の見えない人には光が見えず、はげしい雷（雷霆《らいてい》）(181)が天地に轟きわたっても耳の聴こえない人は音を聞くことができないようなものである。このように、音声《おんじょう》あり。聴法《ちょうほう》の衆《しゅう》もまた虚空《こくう》に満《み》てり。（これは衆もまたこれ法性身にして、生死の人の所見にあらざることを明す。）常《つね》に種々《しゅじゅ》の身《しん》、種々《しゅじゅ》の名号《みょうごう》を出《いだ》し、種々《しゅじゅ》の生処《しょうじょ》にして種々《しゅじゅ》の方便《ほうべん》をもって衆生《しゅじょう》を度《ど》す。常《つね》に一切《いっさい》を度《ど》して須臾《しゅゆ》も息《や》むときなし。かくのごとくは法性身《ほっしょうしん》の仏《ほとけ》なり。よく十方《じっぽう》の衆生《しゅじょう》の諸《もろもろ》の罪《ざい》報《ほう》を受《う》くるを度《ど》する者《もの》は、これ生身《しょうしん》の仏《ほとけ》なり。生身《しょうしん》の仏《ほとけ》は次第《しだい》に説法《せっぽう》すること人《ひと》の法《ほう》のごとし」と。

またいわく、「法身《ほっしん》の仏《ほとけ》は常《つね》に光明《こうみょう》を放《はな》って常《つね》に説法《せっぽう》す。しかるに罪《つみ》をもっての故《ゆえ》に見《み》ず、聞《き》かざること、譬《たと》えば日《ひ》出《い》づれども盲者《もうしゃ》は見《み》ず、雷霆地《らいていち》を振《ふる》えども聾者《ろうしゃ》は聞《き》かざるがごとし。かくのごとく

（180）同経＝『大智度論』巻九（大正蔵二五・一二六中）の所説。

（181）雷霆＝霆は、いかずち。仏の大説法をたとえていう。獅子吼と同義。

法身仏は常に光明を放ち、常に説法しておられるけれども、衆生は限りなく長期間にわたる罪垢《ざいく》の積み重ねによってそれを遮られ、見ることもできず聞くこともできない。このことは、明るく澄んだ鏡や浄らかな水に面《おもて》を照らし映せば、それを見ることができるが、鏡が垢《あか》に翳《くも》り、水が浄らかでなければ、すなわち見ることができないのと同様である。このように、衆生の心が清浄であるときは仏を見ることができ、心が不浄であるときはすなわち仏を見ることができないのである。」と。

㈢　また『大智度論』(182)第十巻には、次のように説かれています。「『密迹金剛経《みっしゃくこんごうきょう》』(183)の中に説くように、仏には三密があり、それは身密・語密・意密である。一切の諸々の天人には、みなこれを理解することができず、知ることもできない。」〈以上までに引用した経論などの文は、いずれも顕教と密教との差異・区別、および法身説法の論証です。これらを聞き読む智慧ある人びとは、その真意を詳《あきら》かにして、これらについての迷いを解決して下さい。〉

法身《ほっしん》は常《つね》に光明《こうみょう》を放《はな》って常《つね》に説法《せっぽう》すれども、衆生《しゅじょう》は無量劫《むりょうこう》の罪垢厚重《ざいくこうちょう》なることあって、見《み》ず聞《き》かざること、明鏡浄水《みょうきょうじょうすい》の面《おもて》を照《て》らすときはすなわち見《み》、垢翳不浄《くえいふじょう》なるときはすなわち所見《しょけん》なきがごとし。かくのごとく衆生《しゅじょう》の心清浄《しんしょうじょう》なるときは、すなわち仏《ほとけ》を見《み》、もし心不浄《しんふじょう》なるときはすなわち仏《ほとけ》見《み》ず」と。

またいわく、『密迹金剛経《みっしゃくこんごうきょう》』の中《なか》に説《と》くがごとし。仏《ほとけ》に三密《さんみつ》あり、身密《しんみつ》・語密《ごみつ》・意密《いみつ》なり。一切《いっさい》の諸《もろもろ》の天人《てんにん》はみな解《さと》らず、知《し》らず」と。（上来の経論等の文はならびにこれ顕密の差別、法身説法の証なり。抜き鑒ん智者詳んじてこれが迷を解け。）

(182)　大智度論＝巻十（大正蔵二五・一二七下）の所説。

(183)　密迹金剛経＝『大宝積経』全百二十巻のうち、竺法護訳『密迹金剛力士会』第三の三（大正蔵一一・五三中）の取意。

第四節　顕密の意味を明かす問答

質問します。もし談《かた》られたとおりであれば、法身《ほっしん》の内なるさとりの境界《きょうがい》からの説法を名づけて秘密といい、それ以外を顕教というわけです。ではなぜ、釈尊の説かれた経などに、秘密蔵と名づけるものがあるのでしょうか。また、釈尊の説かれた陀羅尼《だらに》の法門は、顕教・密教のどちらの蔵に属するのでしょうか。

答えます。顕と密との意味は、幾重にもあり数えきれません。もし相対的に浅深をみるならば、深は秘密であり浅略はすなわち顕です。ですから、仏教以外の経書にもまた、秘蔵と名づけるものがあるのです。如来の説法の中でも、顕・密は幾重にも重なって説かれています。もし仏が小乗の教えを説かれ、それを仏教以外の教えと比べれば、これは深密の教えと名づけられます。大乗の教えを、小問《と》う、もし所談《しょだん》のごとくならば、法身内《ほっしんない》証智《しょうち》の境《きょう》を説《と》きたもうを名《な》づけて秘密《ひみつ》といい、自外《じげ》をば顕《けん》という。何《いかん》が故《ゆえ》に釈尊所説《しゃくそんしょせつ》の経等《きょうとう》に秘密蔵《ひみつぞう》の名《な》あるや。またかの尊《そん》の所説《しょせつ》の陀羅尼門《だらにもん》をば何《いずれ》の蔵《ぞう》にか摂《せっ》するや。

答《こと》う、顕密《けんみつ》の義《ぎ》、重重無数《じゅうじゅうむしゅ》なり。もし浅《せん》をもって深《しん》に望《のぞ》むれば、深《しん》はすなわち秘密《ひみつ》、浅略《せんりゃく》はすなわち顕《けん》なり。ゆえに外道《げどう》の経書《きょうしょ》にもまた秘蔵《ひぞう》の名《な》あり。如来《にょらい》の所説《しょせつ》の中《なか》にも顕密重重《けんみつじゅうじゅう》なり。もし、仏《ほとけ》、小教《しょうきょう》を説《と》きたもうをもって、外人《げにん》の説《せつ》に望《のぞ》むれば、すなわち深密《じんみつ》の名《な》あり。大《だい》をもって小《しょう》に乗の教えに比べれば、また顕と密との区別ができます。一乗の教えは、三乗の教えと択《えら》び（簡）分けるために、秘密の名を用います。陀羅尼（総持《そうじ》）は、多くの名や句で説く教法から択び区別するために、密号というのです。法身《ほっしん》の説は、深奥であり、応化身《おうけしん》の教は浅略です。ですから、法身の説を秘密と名づけるのです。

いわゆる秘密には、まず二つの意味があります。一つには衆生秘密、二つには如来秘密です。衆生秘密の衆生は、真実を明らかに知る智慧が無く、迷妄な想いで本性の真実を覆《おお》い蔵《かく》すので、衆生が自ら秘《かく》している（衆生自秘）という意味です。応化身の説法は、相手の能力や状況に適合して、病に対する妙薬のような教法を施すものです。一方、如来の言葉は虚ではありませんので、この理由から、他受用身《たじゅゆうしん》は自らの深いさとりを内に秘めて、その境界《きょうがい》を説かれません。すなわち等覚《とうがく》の菩薩の境界でもほとんど知ることができず(希夷《きい》)[184]、十地の境界ではもはや絶離されたところで、これを如来秘密と名づけます。

このように、秘密の名は幾重にもあって数えきれません。いまここで秘密とい

比《ひ》すれば、また顕密《けんみつ》あり。一乗《いちじょう》は三《さん》を簡《きら》うをもって秘《ひ》の名《な》を立《た》つ。総持《そうじ》は多名《たみょう》に択《えら》んで密号《みつごう》を得《う》。法身《ほっしん》の説《せつ》は深奥《じんおう》なり。応化《おうけ》の教《きょう》は浅略《せんりゃく》なり。ゆえに秘《ひ》と名《な》づく。いわゆる秘密《ひみつ》にしばらく二義《にぎ》あり。一《いち》には衆生秘《しゅじょうひ》密《みつ》、二《に》には如来秘密《にょらいひみつ》なり。衆生《しゅじょう》は無明妄想《むみょうもうぞう》をもって本性《ほんしょう》の真覚《しんがく》を覆蔵《ふくぞう》するが故《ゆえ》に、衆《しゅ》生自秘《じょうじひ》という。応化《おうけ》の説法《せっぽう》は機《き》に逗《かな》って薬《くすり》を施《ほどこ》す。言《ごん》は虚《むなし》からざるが故《ゆえ》に。ゆえに他《た》受用身《じゅゆうしん》は内証《ないしょう》を秘《ひ》してその境《きょう》を説《と》かず。すなわち等覚《とうがく》も希夷《きい》し、十地《じゅうち》も絶離《ぜつり》せり。これを如来秘密《にょらいひみつ》と名《な》づく。かくのごとく秘《ひ》の名《な》、重重無数《じゅうじゅうむしゅ》なり。いま秘密《ひみつ》というは、

（184）希夷＝『一切経音義』第二十一に「之れを聴けども聴かざるを希といい、之を観れども見ざるを夷という」とある。

うのは、法身が自らに究《きわ》めつくされた最高の境界をもって、秘蔵とするのです。

また、応化身の説かれる陀羅尼の法門は、これも同様に秘蔵と名づけるのですが、法身の説法に比べれば権《かり》のもので、真実そのものではありません。秘密にもこのように、権《かり》と真実とがあります。まさに状況に随《したが》って、これを受けとるべきなのです。

金剛薩埵

究竟最極法身《くきょうさいごくほっしん》の自境《じきょう》をもって秘蔵《ひぞう》となす。また応化所説《おうけしょせつ》の陀羅尼門《だらにもん》は、これ同《おな》じく秘《ひ》蔵《ぞう》と名《な》づくといえども、しかも法身《ほっしん》の説《せつ》に比《ひ》すれば、権《ごん》にして実《じつ》ならず。秘《ひ》に権《ごん》・実《じつ》あり、まさに随《したが》って摂《せっ》すべきのみ。

参考文献

『辯顕密二教論懸鏡鈔』 六巻 済暹 写本
『辯顕密二教論手鏡鈔』 三巻 静遍・道範 版本
『辯顕密二教論指光鈔』 五巻 頼瑜 版本
『辯顕密二教論愚草』 四巻 頼瑜 写本
『辯顕密二教論研覈鈔』 十三巻 杲宝 版本
『辯顕密二教論鈔』 三十巻 宥快 版本
『辯顕密二教論興国鈔』 五巻 宥快 写本
『辯顕密二教論指要』 二巻 浄厳 写本
『辯顕密二教論撮義鈔』 三十巻 覚眼 版本
『辯顕密二教論談塵』 六巻 義剛 写本
『辯顕密二教論私記』 六巻 曇寂 写本
『辯顕密二教論略解』 五巻 尊祐 版本

『辯顕密二教論闡玄記』 五巻 普寧 版本
『辯顕密二教論綱要』 一巻 恵光 写本
『辯顕密二教論講筵』 七巻 亮海 写本
『辯顕密二教論温知篇』 三巻 超誉 版本
『辯顕密二教論王義疏』 八巻 太素 版本
『辯顕密二教論講解』 七巻 智明 写本
『辯顕密二教論裨蒙』 四巻 等空 版本
『辯顕密二教論張秘鈔』 二巻 戒定 版本
『辯顕密二教論雑草』 一巻 戒定 版本
『辯顕密二教論講翼』 六巻 元瑜 写本
『辯顕密二教論決断』 一巻 栄性 版本

空海
弁顕密二教論

金岡秀友（かなおか・しゅうゆう）

1927年，埼玉県生まれ。1952年，東京大学文学部印度哲学科卒業。東洋大学助教授在職中，セイロン大学に招聘される。東洋大学文学部教授を経て，1992年4月より同名誉教授，文学博士。
著書「仏教日常辞典」「空海・即身成仏義」「空海・般若心経秘鍵」「念彼観音力」「盗らず綺らず貪らず」（以上，太陽出版），「さとりの秘密《理趣経》」（筑摩書房），「講座密教」（共著，春秋社），「大宇宙のドラマ」（すずき出版），「密教の哲学」（平楽寺書店），「般若心経」（講談社文庫），「密教成立論」（筑摩書房），「日本の神秘思想」（玉川大学出版部）他，訳書とともに多数。

2003年6月15日　第1刷
2008年5月20日　第2刷

訳・解説 ――― 金 岡 秀 友
発 行 者 ――― 籠 宮 良 治
発 行 所 ――― 太 陽 出 版

東京都文京区本郷 4-1-14 〒113 ☎03(3814)0471

製版・印刷＝米子プリント社
製本＝井上製本
ISBN4―88469―326―4

——【一家に一冊】くらしの中の仏教を調べる——

仏教日常辞典

増谷文雄
金岡秀友＝共著

仏教の基本用語はもとより、仏事をはじめとする仏教常識まで網羅した、専門家も使える画期的仏教辞典。

——仏教辞典はこれまで、様々な形で公刊されてきたが、本辞典で著者は、日常生活に溶け込んだ仏教、思想史の上でも決して特殊とはいえなくなっている仏教術語をとくに集中的に採択・解説につとめた。宗教学的仏教辞典、仏教学的宗教辞典がその狙いである——金岡秀友

構成・特色
本文（四一〇〇項目）、仏教常識（六〇〇項目）の二部構成／8ポ二段組／わかりやすい文体、準総ルビ／図版多数／カラー口絵（十界図・六道図）／須弥山図詳解／仏像図解／全国主要寺院・霊場の紹介／〔コラム〕主な仏・菩薩の種子・真言の解説。

■四六判／上製／本クロス装／函入美装本／七一六頁
定価　本体四三六九円＋税

癒しの慈悲に抱かれて

念彼観音力

―観音菩薩と観音経―

金岡秀友＝著

〈あの観音の力を念じなさい〉

最小・最極の経典「般若心経」と並んで、日本においてもっとも読誦され、親しまれている「観音経」――その観音菩薩の功徳力を説いた『法華経』第二十五章「普門品」の完全現代語訳!!

［第一部］観音菩薩［第二部］観音経を読む［付録］全国観音霊場紹介・三十三観音・観音三十三身・仏の三十二相　他

東洋人のバイブル「観音経」の読み方・味わい方

A5判　二五六頁　カラー口絵八頁　定価　本体二四〇〇円＋税